개정판

사회문제의 쟁점과 사회과학적 상상력

민웅기 저

KIMOONSA 기문사
www.kimoonsa.co.kr

초판 여는 글

사람들은 누구나 다양한 사회현상을 경험하면서 생활하고 있다. 개인의 생활영역을 넘어선 이 현상들은 사람들의 직접적인 체험을 통해 이루어지기도 하고, 여러 매체를 통해 간접적으로 관찰되기도 한다. 외부로 표출되는 여러 가지 사회문제들은 밖으로 보이는 것과 달리 그 현상 이면에 수많은 사회적 쟁점들이 내재해 있다. 그리고 그것을 어떻게 바라보는가에 따라 그 현상을 대하는 태도가 다른 방식으로 유형화된다. 그 과정에서 당연히 그들의 생활양식도 다르게 구조화된다.

하지만 대부분의 사람들은 반복되는 일상영역에서 나타나는 사회현상에 대해서 그것이 왜 그런 방식으로 외현되었는지에 대한 근본적인 지식을 자세하게 제공받기가 쉽지 않다. 그 이유는 다양한 사회문제를 바라보는 사람들의 견해가 모두 다르기 때문이기도 하며, 사실과 의견, 정상과 비정상 등의 쟁점 사이 간극이 모호해서이기도 하다. 어떤 사회현상에 대한 인과관계를 밝히는 과정에서 사회구성원들 사이의 조율된 의견 도출 자체가 어려운 것도 그 이유가 될 수 있다. 이제 사회구조가 복잡다단해지면서 갈등을 줄이고자 하는 구성원 간 사회적 합의의 정도는 더 낮아지고 있다.

소위 포스트모더니즘으로 일컬어지는 비정형화된 문화의 확산과 해체된 복잡한 생활양식이 사회질서에 더해지면서 사람들 사이의 갈등 관계는 중요한 사회문제가 되고 있다. 어떤 현상에 대한 자신의 견해를 정립하는 것 외에도 상대방의 관점이 어떻게 형성되었는지를 이해하고, 그들의 입장을 고려해야 하는 유연화된 사고가 사회구성원들이 갖추어야 할 중요한 덕목이 되었다.

특히 한국사회는 역사적으로 급속한 산업화 시대를 겪으면서 생산성의 원리가 사회를 지배하는 주요 가치가 되었다. 따라서 어떤 사회 현상에 대해서 공론(公論)이 진행되는 과정은 효율성의 사회적 가치에 어긋난다는 이유로 오랜 기간 사람들의 외면을 받아왔다. 우리가 흔히 말하는 사회문제는 대부분 상대성의 논리에 근거한 문화적 특징이 함축되어 있다. 그러한 특징에 의해 나타나는 사회현상은 거시적 영향력과 미시적 행위 간의 상호작용을 통해서 복잡하게 나타난다. 따라서 사회를 살아가는 구성원들에게는 어떤 현상을 사회 구조와 인간 행위의 포괄적 맥락에서 분석하고 해석할 수 있는 역량을 키우는 학습 과정이 요구된다.

이 책은 사회현상을 해석할 수 있는 지식을 이론적, 실제적 부분에서 함께 다루기 위해서 노력했다. 이론적 부분에서는 한 사회를 구성하는 기본 구조인 국가, 시장, 시민사회의 개념을 설명하고, 그 관계성에 대해서 고찰했다. 또한 사회현상을 볼 때, 사회과학적 상상력을 체화시켜야 하는 이유에 대해서 살펴보고, 그 사고의 기초가 되는 이론적 관점에 대해서 정리했다. 이 과정을 통해 사회문제의 구조적 분석을 위한 이론적 맥락을 살펴보았다.

실제적 부분에서는 현재 우리 사회에서 나타나고 있는 구체화된 사회문제의 범주를 다양하게 제시했다. 흔히 발생하는 다양한 사회문제를 구분하여 정리하고, 하루에도 수없이 미디어 등을 통해 접하게 되는 시사문제들을 분석할 수 있는 주요 개념들을 간명하게 기술(記述)했다. 구체적으로 살펴보면, 사회 불평등과 복지 문제, 교육문제와 이로 인해 파생되는 주거(주거지)문제, 새롭게 부상(浮上)하고 있는 불평등 체계인 사회적 배제와 문화적 차별의 문제, 남성성과 여성성에 기반을 둔 성(性)의 문제와 가족의 변화상, 지구촌의 핵심 쟁점인 환경문제, 사회구성원으로서의 정체성 결정에 영향을 미치는 노동(직업)과 소비의 문제, 전통적 사회문제인 일탈 · 범죄 문제, 최근 급속하게 변화하고 있는 정치 참여 및 의사소통의 문제 등을 다루었다.

궁극적으로 본서는 복잡다단하게 발생하고 있는 사회문제 발생의 원천을 논의함에 있어 구조와 행위의 관계에 대한 이해를 위해 서술되었다. 이 책의 내용은 그 각각의 영역을 폭넓게 살펴봄으로써 사회의 여러 층위에서 나타나고 있는 사회문제에 대한 분석적, 비판적 시각을 함양하기 위해서 구성되었다. 포스트모던 사회를 맞이하여 이제 어떤 사회현상을 바라볼 때, 파편화된 개별 지식만을 적용하여 그 현상을 해석할 수 있게 되는 경우는 드물다. 본서 내용을 통해 융합적 관점의 지식체계가 구성될 수 있기를 기대한다.

2019년 2월

민웅기

개정판을 내면서

다양한 유형으로 발생하는 사회문제를 폭넓게 고찰할 수 있는 사고능력을 함양하는 과정은 사회문제를 어떤 관점에서 바라볼 것인지를 선택하는 것에서부터 시작된다. 사람들은 사회를 바라보는 시각에 따라 자신이 속한 환경을 대하는 태도와 행동이 달라질 수 있다. 그런데, 사회구성원 대부분은 바쁜 일상 때문에 자신만의 충분한 시간을 갖고 사회 모습을 관망할 수 있는 여유가 없다. 이 때문에 자신과 다른 생각을 하는 사람들의 관점을 이해하려고 노력하기보다는 틀렸다고 단순하게 규정하거나 심지어 윤리적으로 잘못된 생각이라고 섣불리 판단하기도 한다. 결국 올바르지 못한 방식의 의사소통 관계는 가시적, 비가시적인 갈등으로 이어지며, 그 갈등 관계에서 파생하는 여러 가지 추가적인 사회문제가 나타나게 된다. 사회문제의 본질을 파악하고 해결책을 모색하는 과정은 함께 살아가는 다른 사람들이 특정 사회문제에 대해 가지고 있는 의식과 가치 등을 편견 없이 수렴하면서 서로 이해하는 것부터 시작된다.

그래서 이 책의 초판을 출간할 당시 주안점을 두었던 부분은 다양한 사회문제를 다루기에 앞서 인간의 삶을 구성하는 서로 다른 큰 세 가지 하위 영역인 국가, 시장, 시민사회의 개념 고찰과 함께 각 영역이 강조하는 기능, 역할, 가치 등을 폭넓게 살펴보는 것이었다. 그리고 똑같은 사회현상일지라도 이 세 가지 삶의 영역에서 사회문제를 규정하는 관점이 다를 수 있음을 서술했다. 또한 현대사회의 전반적인 변화상을 살펴보면서 과거부터 현재까지 사람들에게 꾸준하게 인식되고 있는 전통적 사회문제부터 최근 새롭게 등장한 사회문제까지 골고루 책 내용에 담아내고자 노력했다. 과거에는 사람들이 사회문제로 인식하지 않았던 현상이 현재는 사회구성원들의 공론 과정을 통해 사회문제로 규정되기도 하고, 그 문제의 심각성을 특히 더 많이 느끼고 있는 사회현상도 존재한다. 물론 이와 반대로 과거에는 사회문제였으나 현재는 더 이상 문제로 규정하지 않고 보편적인 문화로 자리 잡은 현상들도 있기 마련이다.

개정판에서는 초판에서 다룬 이 같은 내용의 맥락을 전반적으로 유지했으며, 구체적인 내용 구성에서 약간의 변화를 주었다. 개정판에서는 국가, 시장, 시민사회 각각에 대한 설명을 더 압축하여 정리했다. 그리고 바로 이 세 가지 삶의 영역에서 출발하는 사회문제를 바라보는 의식과 가치부여 과정을 더 구체적인 내용으로 보완했다. 더불어 단순한 모습을 보이는 하나의 사회현상이 그 자체만으로도 심각한 사회문제가 될 수 있음을 예시를 통해 기술하고, 다른 사회적 쟁점과 맞물렸을 경우 또 다른 사회문제로 확장될 수 있음을 설명했다. 또한 목차에서 장별로 구분하여 설명한 사회문제 중에서 다른 장에서 다루고 있는 사회문제와 연계하여 논의가 가능한 내용은 그 해당 내용을 보충하여 서술했다. 더불어 개정판에서는 초판의 각 장 내용에서 설명이 더 필요한 부분을 점검하고, 그 내용을 보완했다.

한편 초판에서 다루지 못했던 사회문제도 일부 추가하여 정리했다. 가정 영역에서 오랜 기간 존재했지만, 그동안 외부적으로 잘 드러나지 않았던 가족 간 폭력, 세대 간 갈등 문제를 기술했으며, 의사소통 과정에서의 단절 현상과 관련이 있는 청소년 문제와 인구 고령화에 따른 노인 문제의 심각성을 설명했다. 또한 최근 다문화사회로 이행하는 과정에서 나타나고 있는 사회문제 중 하나인 문화적응 문제와 최근 쟁점화되고 있는 가장 심각한 세계적인 문제라고 할 수 있는 기후변화와 이로 인한 먹거리 위기 등은 새롭게 정리한 내용이다.

사람들은 살아가면서 저마다 수많은 사회문제에 직면하며, 그럴 때마다 서로 다른 방법을 활용하여 그 해결책을 마련하기 위해 노력한다. 한 사회의 교육체계는 적어도 그러한 생존을 위한 방법들이 올바르게 구현되는 방향성을 잡을 수 있도록 도움을 주어야 한다. 인간이 사회과학적 상상력을 함양하기 위해 세상을 바라보는 시각을 학습하는 것은 인간의 삶 주변에서 발생하는 사회문제를 논리적, 비판적 시각을 통해 올바르게 판단하고, 이를 자신의 생활에 안정적으로 적용하기 위해서이다. 그 적용 과정에서 사람들은 삶에 대한 본원적 가치를 파악할 수 있고, 개인적인 인생의 목표 의식도 생길 수 있다. 이제 인간은 공동체 내에서의 원만한 인간관계 형성을 위해서 사회문제에 대한 학습을 통해 타인의 입장을 이해하고 존중할 수 있는 지식인으로서의 내적 역량을 함양해야 한다. 학습된 사회과학적 상상력은 한 개인의 지혜로운 삶에 영향을 줄 수 있다. 미래사회에서 사람들은 그러한 개인의 역량 강화를 통해 타인, 외집단과의 갈등 문제를 줄이고, 서로 연대하여 상호호혜적 관계를 유지할 수 있는 조화로운 공동체를 구성할 수 있어야 할 것이다. 이 책의 내용이 그러한 인간의 사회화 과정에 작은 도움이 될 수 있기를 바란다.

2023년 2월

민웅기

차 례

【참고】 본서는 아래와 같은 원칙에 의해 구성함

- 본서 내용에 대한 인용 출처는 책 마지막 부분에 기술(記述)한 참고문헌 목록에 정리함
- 본서 내용 중 저자의 일부 선행연구 내용이 포함되어 있으며, 그 내용 출처는 참고문헌 목록에 정리함

제1장

사회문제 연구를 위한 사회과학적 상상력

사회문제의 쟁점과 사회과학적 상상력

제1장 사회문제 연구를 위한 사회과학적 상상력

1. 사회문제를 바라보는 다양한 관점의 학습

사회문제에 적절하게 대응하기 위한 지식체계를 사회화 과정에서 내재화하는 것은 현대사회에서 함께 살아가는 인간이 공존하기 위한 중요한 조건이다. 포스트모더니즘 사회의 교육체계 내에서 여러 가지 학습 콘텐츠 형태로 사람들에게 전달되는 지식은 과거 근대사회와는 다른 양상을 보인다. 포스트모더니즘은 모더니즘적 인식 체계가 추구하는 이성중심주의, 과학에 대한 신뢰, 진보에 대한 믿음, 보편가치 추구 등의 사상적 흐름을 거부한다. 예를 들어 포스트모더니즘 사회는 과거 이성 중심의 사회에서는 열등한 것으로 취급되던 감성의 가치를 높게 평가한다. 또한 환경오염이 사회에 끼친 결과를 몸소 겪었기에 과학기술을 무한정 신뢰하는 것을 염려하기도 한다. 이처럼 포스트모더니즘 사회는 과거부터 지속되어 온 절대적 진리와 보편적 가치관을 거부한다. 이 시대를 사는 사람들은 어떤 현상의 판단에 대해서 타인과의 차이점과 다원성을 인정하지 않으면 여러 가지 갈등 관계에 이르기 쉽다.

따라서 우리는 포스트모더니즘 사회에서의 사회현상을 분석할 때 다양한 관점에서 바라볼 필요가 있다. 즉 거시적 측면에서 사회구조를 중요시할 수도 있고, 미시적 측면의 인간 행위를 중심으로 사회를 바라볼 수도 있다. 예를 들어 어떤 학생이 대학입시에 실패했다고 가정하자. 누군가는 입시 실패의 원인을 부모의 낮은 사회경제적 지위 때문에 자녀에게 충분한 사(私)교육비를 지원해주지 못한 탓으로 돌리며 부모의 사회경제적 지위가 자녀의 교육수준에 미치는 영향을 구조적인 사회문제로 지적하기도 한다. 이는 교육문제를 계층문제로 귀속시킨 것으로 거시적인 맥락에서 사회를 분석한 것이다. 반면 입시 실패의 원인이 학생의 게으름과 무능력함 때문이라고 보는 사람은 인간 행위 중심의 미시적 시각으로 사회를 분석했다고 볼 수 있다. 이처럼 어떤 현상을 올바르게 파악하고 문제의 본질을 정확하게 해석하려면 그 사회문제에 대한 다양한 관점과 관련 기본 지식이 학습되어 있어야 한다.

포스트모더니즘 사회에서는 여러 시각을 가진 사람들이 함께 생활하는 만큼 복합적인 사회문제가 자주 발생한다. 이 사회문제는 과거부터 지속적으로 나타난 문제일 수도 있고, 최근 새롭게 발생한 문제일 수도 있다. 어떤 문제가 사회문제로 사회구성원에게 인식되려면 우선 객관적으로 발생하고 존재하는 문제이어야 하며, 더 나아가 사람들이 함께 그 발생한 현상을 사회문제로 인정해야 한다. 따라서 사회문제는 객관적인 현상이면서 동시에 사람들의 주관적인 인식이 함께 동반되어야 하는 복합적인 사회적 산물이라고 할 수 있다.

사회문제는 사회구조나 제도의 결함이나 모순으로 인해 사회조직이나 사회질서의 정상적인 유지에 있어 역기능적 상황이 발생하는 제반 현상이라고 할 수 있다. 여기서 말하는 사회 또는 사회적이라는 말은 두 사람 이상의 개인이라는 의미가 포함되어 있으며, 이와 함께 자연현상이 아닌 인간 사회에서의 사람과 사람 사이의 상호작용과 교류라는 의미를 내포한다. 예를 들어서 자연재해 그 자체만이 원인이 된 어떤 현상은 직접적인 사회문제라고 볼 수 없으며, 인간 개인의 생각이나 고민으로만 나타난 현상도 그것 자체로는 사회문제로 간주하기가 어렵다. 하지만 이 같은 문제들도 타인과 관계를 맺으면서 사회환경과 관련성이 생긴다면 사회문제로 인식하여 연구하는 것이 가능하다. 예를 들어 '취업에 실패한' 개인이 심리적으로 박탈감을 느낄 때, 이 심리적 상황은 결국 실업이라는 사회적 요인에 영향을 받은 것이기 때문에 광의의 사회문제 범주로 연구할 수 있다. 이처럼 사회문제는 사회구조와 개인의 행위적 측면 사이의 상호작용적 관점에서 분석이 진행될 수 있는 것이다. 사회를 이루고 살아가는 사람들에 관련된 것이라면 거의 모든 문제가 사회적 맥락에서 그 현상의 본질에 대한 해석이 가능하므로 사회문제를 폭넓게 사고하기 위한 기초지식의 함양은 인간이 살아가는데 있어 중요하게 작용한다.

사회문제의 중요한 특성은 그것이 사회의 지배적 가치와 규범에서 벗어나는 현상으로 나타난다는 점이며, 많은 사람들이 그 현상으로 인해 직접 피해를 보기도 한다. 사회문제는 개인적 수준의 원인 때문에 발생하기보다는 거시적 수준의 사회구조 및 체계의 결함과 모순으로 인해 나타나는 경우가 많다. 따라서 이에 대한 예방과 대책 역시 복합적일 수밖에 없다.

사회문제의 인식 과정에는 권력이 작용하기도 한다. 적어도 사회에 영향력을 발휘할 만큼의 권력을 가진 사람이 특정 현상을 사회문제라고 간주했을 때 타인의 관심을 더 불러일으키기 쉽다. 따라서 해당 특정 현상이 사회문제인지의 여부에 대한 판단 과정에는 이성적인 비판의식이 포함되어야 한다.

이처럼 사회는 상이한 문명 발전 속도와 이데올로기의 영향으로 여러 가지 사회문제가 필연적으로 발생한다. 일반적으로 사회문제는 집합적인 의미를 지니며, 문제 해결을 위한 실천을 요구한다. 대부분 사회에서는 인간의 상호작용에서 비롯된 사회문제를 해결하기 위해 정책적, 산업적 측면에서 다양한 대안들이 마련된다. 어떤 사회적 현상이 사회문제로 규정되려면 해당 문제의 해결 조치가 집단적 차원에서 이루어져야 할 때도 많다.

사회과학이 사람들에게 더 유용한 학문으로 학습되기 위해서는 인간이 생활하는 가운데 실제로 발생하는 사회문제의 해결책을 마련하기 위한 이론적, 실행적 지식을 꾸준하게 다른 사람들에게 전수할 수 있어야 한다. 사회문제를 완화하거나 해결하기 위한 방법을 모색하고 대안을 찾아가는 과정은 사회과학의 중요한 연구 영역 중 하나이다. 일반적으로 사회문제 해결은 국가, 시장, 시민사회라는 세 가지 삶의 영역에서 이루어진다. 문제 해결 방안을 모색할 때, 바로 이 영역들의 의견이 일치하지 않거나 서로 다른 방안을 제시하는 경우도 많고, 심지어 상반되는 의견 제시로 인해 어느 하나의 대안을 선택해야 하는 상황에서 갈등이 발생하기도 한다. 결국 그러한 선택 과정에서 올바른 관점을 제시하기 위해서는 사회문제와 관련한 다양한 관련 지식의 학습이 선행되어야 한다.

2. 사회문제 해결을 위한 사회과학 연구방법

대부분의 사회문제는 우리가 이미 오래전부터 알고 있던 사실들이 모여서 인간 삶에 부정적 영향을 준다는 속성을 지니고 있다. 따라서 사회문제를 원활하게 해결하기 위해서는 그 복합적인 현상에 대한 정확한 이해가 필요하며, 다음과 같은 요인들을 동시에 고려할 수 있어야 한다.

사회문제를 원활하게 해결하기 위해서는 첫째, 사회문제라고 생각하는 것에 대한 규정을 정확하게 할 수 있어야 한다. 즉 먼저 스스로 특정 현상이 사회문제인지 아닌지를 고려해보고, 만약 그 현상이 사회문제인지 아닌지의 여부를 판단할 사람들의 의견이 팽팽하게 대치한다면 이를 조율하고 조정할 수 있는 당사자 간 의사소통이 필요하다. 사회문제 해결에 대한 사회구성원들의 지지를 얻기 위해서는 일단 해당 현상이 사회문제가 될 수 있는지에 대한 사회적 합의가 이루어져야 한다.

둘째, 한 사회문제를 해결함으로써 또 다른 문제가 발생할 수도 있다는 것을 염두에 두어야 한다. 사회문제는 여러 가지 부분들이 얽혀있기 때문에 한 부분에서의 변화가 다른 부분에 예상하지 못했던 변화를 불러일으키는 경우가 많다. 따라서 문제 해결책을 마련하는 것과 이 문제 해결책으로 인해 또 다른 사회문제가 나타날 수도 있는 사실을 예측할 수 있어야 한다. 사회문제 해결을 위해서는 결국 종합적인 해결책 제시가 요구되는 것도 이 같은 이유 때문이다.

셋째, 사회문제 해결에 필요한 비용을 고려해야 한다. 어떤 사회문제라도 해결 방법을 실행하려면 경제적 비용 지원과 가용시간 할애 등 여러 가지 노력이 필요하다. 비용 부담을 줄이면서 효과적인 사회문제 해결책을 찾는 것이 바람직한지, 또는 그 사회적 쟁점이 심각한 문제라서 비용이 많이 들더라도 일단 해결책을 모색하는 것이 좋을지에 대한 공론 과정이 필요하다. 또한 사회문제 해결 과정에서 이해관계가 충돌하는 경향이 있을 수 있다. 특히 사회문제 해결 과정에서 부담해야 하는 비용을 놓고, 그 비용을 누가 더 부담할지에 대한 판단 과정에서 사회갈등이 발생하는 경우가 많다. 따라서 관련 비용에 대해서는 객관적이고 체계적인 사전 검토가 요구된다.

사람들은 사회문제를 극복하기 위해 여러 가지 해결 방식을 강구한다. 그 해결책 마련을 위한 방법은 대부분 연구 분야마다 다르다. 일찍이 토마스 설리반(Thomas J. Sullivan)은 사회문제 해결 방식은 예방, 개입, 사회개혁, 재구성, 결과의 경감 등의 유형으로 구분가능하다고 논의했다.

첫째, 예방은 처음부터 사회문제가 발생하지 않도록 노력함을 의미한다. 예를 들어 청소년 흡연을 사전에 방지하기 위해 청소년들을 대상으로 금연 교육을 실시하여 아예 흡연을 시작하지 않게끔 하는 것이다.

둘째, 개입은 예방만으로 사회문제 해결이 불가능하거나 예방이 비효과적일 경우, 사회문제 해결 프로그램을 통해 사회문제 가운데로 직접 들어가 이미 발생해버린 문제를 제거하는 방법이다. 예를 들어 이미 흡연을 시작한 청소년들을 흡연 환경으로부터 격리해 놓는 것이다.

셋째, 사회개혁은 사회문제가 사회제도나 조직의 심각한 결함에서 비롯된다는 가정에 근거한 문제 해결 방식이다. 예를 들어 빈부격차 확대가 한 사회의 사회경제적 기회의 불평등 때문에 발생하는 것이라고 가정하고, 이 불평등 기제를 최대한 없애려는 노력을 들 수 있다. 보통 이럴 때는 빈부격차를 유발할 수 있는 사회문화적 환경들을 수정, 제거하면서 사회개혁을 진행하게 된다.

넷째, 재구성은 사회문제의 속성과 정도를 재규정하여 그 문제로 인한 피해를 줄이는 것이다. 예를 들어 일부 집단의 사람들이 특정 사회문제를 더 이상 사회문제로 생각하거나 고려하지 않도록 유도하는 행동을 들 수 있다. 그들의 주장이 사회적으로 주목받게 되면 관련 정책이 바뀌기도 한다.

다섯째, 결과의 경감이란 특정 사회문제의 해결 여부에 관계없이 사회문제로 야기된 부정적 결과를 줄이는데 관심과 주의를 기울이는 것이다. 예를 들어 빈부격차 확대로 피해를 입는 하위계층의 사람들이 생활하는데 있어서 최대한 불편함이 없도록 정부가 지원하는 정책을 들 수 있다.

한편 사회현상의 본질을 규정하기 위한 정보수집 과정에서 도출되는 데이터는 그 성격에 따라 수치화된 데이터와 비(非)수치화된 데이터로 나눌 수 있다. 그리고 전자의 경우와 같이 수치 데이터를 통해 연구하는 방법을 양적연구방법이라고 하고, 수치화되지 않은 정보를 활용하는 후자의 연구방법을 가리켜 질적연구방법이라고 한다. 정리하면 양적 연구는 수집된 수치 정보를 활용한 객관적 자료를 통해 현상을 분석하는 연구방법을 의미하며, 질적 연구는 인간의 감정, 대상의 의미 등을 이해하기 위한 목적으로 비(非)수치적 데이터를 도출하고 활용하는 과정으로 이루어지는 연구방법이다.

한편 연구목적에 따라 탐색적 연구, 기술(記述)적 연구, 설명적 연구로 나눌 수 있다. 탐색적 연구는 원래 진행하려는 연구주제를 보다 명확하게 고찰하기 위해 연구 초기에 이루어지는 개괄적 연구체계이다. 이 탐색적 연구를 통해서 원래 조사하고자 하는 본 연구로 계획이 실행될 수 있을지의 여부가 결정된다. 기술적 연구는 현상을 있는 모습 그대로 서술함으로써 단순히 현실 상황을 파악하기 위한 목적으로 이루어진다. 마지막으로 설명적 연구는 일반적인 사회과학 연구의 목적이라 할 수 있는 원인과 결과의 관계를 밝히는 것이다. '왜 이런 사건이나 현상이 일어났을까'라는 질문에 대한 대답을 하기 위해서 그 원인을 합리적인 사고를 통해 도출한다면, 이것이 바로 해당 현상에 대한 설명이라고 할 수 있다.

일반적으로 위의 세 가지 연구방법은 연구목적에 따라 각자 서로 다른 의미와 가치를 지닌다. 이 중에서도 사회과학에서는 설명적 연구가 비교적 가장 복합적인 사고를 통해 연구결과를 도출해내는 과정이라고 볼 수 있다. 왜냐하면 사회현상은 자연과학에서 다루는 현상과는 다르게 어떤 현상이 일어나기까지 수많은 원인이 내재하기 때문이다. 사회과학에서 어떤 결과로 나타난 현상의 원인을 모두 밝혀내는 것은 거의 불가능하다. 따라서 적어도 사회과학에서는 어느 하나의 특정 현상이 나타났을 때, 여기에 가장 큰 영향을 미친 원인을 밝히는 것조차 의미 있는 연구가 될 수 있다.

그 주된 원인을 바라보는 사람들의 시각도 다양해서 어떤 사회문제의 본질에 대해 고찰하는 과정에서 여러 가지 논쟁도 발생한다. 일반적으로 사회과학에서는 한 현상의 원인이 되는 변인을 독립변인, 결과가 되는 변인을 종속변인이라고 한다. 학술적으로 원인과 결과를 밝힌다는 것은 독립변인과 종속변인 간 관계를 분석하는 것이다.

사회문제를 분석하고 그 해결책을 모색하는데 사람들이 반드시 학습하여 체화해야 할 사고는 사회학적 상상력(sociological imagination)이다. 사회학적 상상력은 일찍이 미국의 사회학자 C. 라이트 밀스(C. Wright Mills)가 제시한 개념이다. 사회학적 상상력은 우리가 당연시하는 친숙한 일상생활로부터 한걸음 떨어져 어떤 사건이나 사물을 당연하게 생각하지 않고 바라보는 능력을 말한다. 사회학자들은 다양한 사회학적 상상력을 동원하여 사회현상을 보다 과학적이고 설득력 있게 해석하고 설명하려고 한다.

한편 본서에서 제시한 개념인 사회과학적 상상력은 앞서 밀스가 개념화한 사회학적 상상력의 인식 범위의 토대를 사회과학 전반에 걸친 학문 영역으로 그 사고의 지평을 확대한 개념이다. 즉 사회학적 상상력을 통해서 사회문제의 해결 방안을 모색하는 과정에서 적용할 수 있는 학문 범위를 사회과학 전체 학술 분야로 확장했다. 일반적으로 사회문제를 본질적으로 해결하기 위해서는 그 문제가 되는 현상에 내재한 개인 문제와 사회구조적 문제의 연관성을 찾아내는 과정이 중요하다. 사회구성원 개인이 자신의 사회적 삶의 모습을 제대로 이해하려면 그 삶과 연관된 거시적 사회문제의 관계적, 총체적 모습에 대해서 종합적으로 사고할 필요가 있기 때문이다. 복잡다단한 변화의 시기인 포스트모던 사회를 맞이하여 이제 우리는 사회과학 지식 전반에 근거한 사회과학적 상상력을 통해 현 시대의 사회현상과 관련된 사회문제들을 정확하게 바라볼 수 있는 창의적 사고력을 길러야 할 것이다.

제2장

사회문제 분석을 위한 삶의 영역

제2장 사회문제 분석을 위한 삶의 영역

1. 삶의 공간으로서 국가, 시장, 시민사회를 바라보는 다양한 관점

사회문제를 바라볼 때 사람들은 삶의 영역을 다양한 하위 범주로 구분하여 각 영역의 존재가치를 생각하면서 사회현상의 본질을 분석해야 한다. 삶의 공간에 대한 정확한 분석 역량을 갖추어야 그 영역에서 발생하는 여러 가지 사회문제에 대한 해결책을 마련할 수 있다. 사회문제를 논의하기 위해 삶의 영역을 구분하고 각 영역의 개념에 근거하여 사회현상을 분석한 연구는 다양하다. '국가[정부], 시장[기업], 시민사회'로 구분되는 삶의 세 가지 하위 영역은 실제 인간이 살아가는 과정에서 중요한 역할을 한다. 최근 시시각각 변화하는 융합 혁명 시대에 적응하려면 사회문제를 바라보는 국가, 시장, 시민사회의 서로 다른 관점을 폭넓게 이해하고, 각 영역에서 파생된 사회문제의 본질을 논리적, 비판적인 관점에서 해석할 수 있어야 한다.

국가, 시장, 시민사회의 각 영역이 인간 개개인의 삶에 실제적으로 어떠한 영향을 미치는지 한 가지 예를 들어보자. 최근 사회 하위

문화 현상의 하나인 '정보문화'를 바라볼 때 국가, 시장, 시민사회는 각각 다른 입장을 취한다. 국가[정부]는 공공성을 추구하면서 정보문화의 여러 가지 역기능에 의해 유발되는 사회 혼란을 최대한 방지하고, 시민들의 일탈 등의 행동을 제어하고자 정보문화를 통제, 관리하는데 정책 실행의 초점을 맞춘다. 시장[기업]은 상업화 측면에서 정보문화를 이윤창출 수단으로 보는 만큼 정보문화 콘텐츠를 제품화하는 방법을 익히고, 이를 산업화하여 최대한의 이윤창출을 추구한다. 그리고 창출된 이윤을 관련 정보문화사업에 재투자함으로써 해당 정보문화를 문화산업의 이윤창출 수단으로 생각한다. 한편 시민사회의 구성원들은 개인이 향유하는 정보문화에 국가가 간섭하기를 원하지 않으며, 개개인의 프라이버시(privacy) 권리를 지키려 한다. 또한 한편으로는 정보문화에 대한 시장의 지나친 상업화로 인한 사회적 폐해를 경계하며, 이를 지속적으로 관찰, 감독하고 정보문화의 합리적 이용에 관심을 가진다.

이처럼 하나의 사회현상에 대해서 국가, 시장, 시민사회라는 인간 삶의 영역에서는 각각의 존재 이유에 부합하도록 다른 입장을 취하게 된다. 사회문제를 바라보는 다양한 관점을 학습하기 위해서 바로 이 세 가지 삶의 영역을 연구해야 하는 이유는 그 다양성에 대한 고민이 곧 현명한 문제 해결책을 제시할 수 있는 인식적 토대를 마련할 수 있기 때문이다. 이제 사회문제에 관해 서로 다른 관점을 취하는 인간의 삶의 영역인 국가, 시장, 시민사회의 기초적인 개념에 대해 개괄적으로 살펴보고자 한다.

1) 국가

국가 형성과 관련하여 학계에서는 과거부터 최근까지 다양한 의견들이 제시되고 있다. 그중에서 많이 논의되는 관점은 원시공동체 사회에서의 기술진보와 관련한 국가 형성 과정이다. 원시공동체에는 누군가를 구속할 수 있는 강제적인 힘을 일상적으로 보유하고 있는 집단은 존재하지 않았다. 사람들 대부분은 이타주의를 지향하는 집단주의적 사고를 했으며, 사적 소유권과 사유재산의 개념이 사회 내에 없었다. 이러한 원시공동체에서 기술진보, 생산성 증가 등으로 잉여물이 생기기 시작하면서 국가가 탄생하게 된다. 인구증가와 함께 생산물에 대한 소유 여부를 놓고 사회 불평등이 발생하기 시작했다. 지배자와 피지배자가 형성되고, 강제력에 기반을 둔 군사화를 추진하여 경쟁 원리가 고대국가를 지배하는 질서로 자리 잡았다. 이 시기부터 차츰 국가는 지배자의 사적 소유물과 같은 성격을 띠면서 여러 집단의 분쟁을 제어하는 역할을 하기 시작했다.

과거 전근대사회에서의 국가는 특정 지역과 한정된 장소에 기반을 둔 삶의 영역에서 나타났다. 당시 국내적으로는 비교적 안정된 질서가 존재했지만, 국제적으로는 무질서 상태가 지속되었다. 전근대사회의 통치기구는 국왕의 측근과 사병을 통해 질서를 유지했으며, 권력을 둘러싼 경쟁 역시 치열했다. 지배자는 매번 내전이나 내분을 피하고, 국가의 강대화를 시도했다. 그러던 중 점차 근대사회로 접어들면서 국가와 시민사회의 경계가 이론적, 개념적으로 구분되고 마침내

명시적인 형태의 근대국가가 탄생하기 시작했다. 과학기술이 발달하고, 국가 관련 기구가 등장하며, 국가의 절대자와 주민 간의 본격적인 의사소통이 이루어졌다. 또한 국가 외적으로는 국가 간 전쟁의 제도화, 민족주의 등장, 세계시장 및 산업화의 확장 등 다양한 사회문화적 변화가 일어났다. 현재도 근대사회의 국가 형태가 많은 부분에서 유지되고 있다.

지금까지 수많은 철학자, 사회과학자들이 다양한 관점에서 국가의 기능을 연구해왔다. 일부 학자들은 강력한 국가에 의해 법과 질서가 유지되고 개인의 소유권이 보호된다고 판단하는 반면, 다른 한편에서는 국가는 개인의 안전과 자유, 소유물을 보호하는 경우에만 의미 있는 기능을 수행한다고 논하기도 했다. 또한 국가의 정책 실행 과정 등을 고찰하면서 개인의 행복과 평등과 관련하여 국가가 어떻게 그 기능을 수행하는가에 대해서 연구하기도 했다.

이와 조금 다른 개념으로 국가의 본질을 연구한 경우도 있다. 국가를 계급적 착취와 억압의 수단으로 보고, 지배계급의 이익을 대변하는 국가의 기능을 비판하는 견해도 있었다. 또 이와 반대로 국가 자체는 누군가에 의해서 움직이는 것이 아니라 일정 부분 상대적 자율성을 가진다고 분석하기도 했다.

최근에는 국가가 가진 '지배'의 논리에서 벗어나 사회구성원들의 '참여'를 통한 국가 형성 과정에 관심을 보이는 연구도 진행되고 있다. 즉 민주주의 원칙, 국가의 본질, 국가의 기능 간의 역학관계를 정치적, 사회적으로 논의하고 있는 것이다.

대부분의 국가에서 지배계급은 상반된 이해관계 때문에 복합적인 판단과 선택을 해야 하는 상황에 직면하기 쉽다. 그 이해관계를 정리하면 다음과 같다.

첫째, 계급관계의 측면에서 지배계급은 자신의 이익 추구 욕구와 모든 사회계급의 이익 추구 사이에서 갈등한다. 지배계급은 권력을 통해 실제적인 자신만의 이익을 취할 수 있는 사회적 힘이 있다. 반면 그들은 권력을 지속적으로 유지해야만 하기 때문에 피지배자의 정치적 지원을 받아야만 한다. 따라서 자신의 이익과 함께 정치적 지지를 위해 피지배자의 이익도 함께 보호해줘야 하는 모순된 상황을 맞이하게 되는 것이다. 이때 지배계급은 심리적으로 갈등하게 된다. 둘째, 국가운영체제의 특성을 두고서도 갈등 관계가 성립된다. 국가 의사결정 과정에서 효율성을 중시하는 관료제 조직은 대규모 조직으로서의 국가가 지닌 특성을 고려했을 때 효율적인 의사결정이 신속하게 진행될 수 있도록 기능한다. 하지만 조직 규모가 커질수록 위계적 구조 내부의 수많은 이해관계가 충돌하기 때문에 지배계급의 입장에서는 이해관계 조율을 위해 수평적 네트워크 구조를 함께 고려해야 하는 역설적 상황에 놓이게 되는 것이다.

2) 시장

시장(market)은 사전적 의미로 특정 재화나 서비스를 사고파는 이들의 모임, 영역을 의미한다. 소비자는 재화나 서비스에 대한 수요를 결정하고, 판매자는 공급을 결정한다. 통상적으로 시장은 그 특성에 따라 크게 경쟁시장, 독점시장, 과점시장 등으로 범주화할 수 있다.

경쟁시장이란 소비자와 판매자가 많아서 개개의 소비자나 판매자가 시장 가격에 영향을 거의 미치지 않는 시장을 의미한다. 경쟁시장에는 수요와 공급의 법칙이 적용된다. 자유경쟁시장에서는 수요와 공급이 일치하는 지점에서 시장 가격과 균형 거래량이 자연스럽게 결정된다.

독점시장은 공급자로서의 독점기업이 가격 설정자로 행동하여 진입장벽을 활용해 장기적인 초과이윤 확보가 가능한 시장이다. 생산량이 증가할수록 단위 생산 비용이 감소하는 '규모의 경제'가 시장 상황에 존재할 경우에는 거대 기업에 의한 독점시장이 성립되기 쉽다. 왜냐하면 그 시장에서는 규모가 큰 특정 기업 외에는 생산과정에서의 막대한 비용을 감당할 수 있는 경제적 능력이 있는 또 다른 기업이 존재하기 어려울 가능성이 크기 때문이다. 한편 국가는 독점기업으로서 공익사업을 진행하기도 하는데, 예를 들어 정부가 전기, 수도, 철도 등의 공익사업에 개입하는 경우를 말한다.

과점시장은 소수의 기업들이 시장을 장악하고 동일 시장에서 동일 상품을 생산하며 경쟁하는 시장 형태이다. 우리나라의 이동통신 시장이 대표적인 과점시장의 예라고 볼 수 있다. 이 시장에서는 과점기업 간 높은 상호의존성 때문에 한 과점기업의 상품 가격이나 생산량 변경은 다른 경쟁기업에 큰 영향을 미치게 된다. 따라서 과점기업들은 서로의 경영활동을 끊임없이 주시하여 비교하면서 이윤 극대화를 위해 자사의 상품 가격과 생산량을 결정하게 된다. 과점기업들이 이윤

증대와 상호 간 경쟁 회피를 목적으로 담합을 할 경우, 시장 효율성이 떨어지고 재화와 서비스가 왜곡된 형태로 분배될 수도 있다.

한편 산업사회에서 시장 내 활동하는 기업들의 경영원칙으로 효율성(efficiency)의 가치가 지배적이다. 일반적으로 효율성은 효과성과 능률성을 합친 개념으로 목표에 대한 성취도인 효과성과 투입에 대한 산출 비율인 능률성이 모두 높을 때 효율성이 높다고 할 수 있다. 기업은 효율성이 담보되어야 생산성이 높아지기 때문에 효율성을 높게 유지하는 것을 기본가치로 삼는다.

기업의 가장 원초적인 목표는 이윤창출이다. 따라서 현대사회에서는 자본주의의 이념적 토대인 신(新)자유주의(Neoliberalism)에 근거한 기업 경영 질서가 세상을 지배하고 있다. 신자유주의는 국가권력의 시장개입을 비판하고, 시장의 원래 기능과 민간의 자유로운 활동을 중시하는 이념이다. 신자유주의는 자유시장과 규제완화, 재산권을 중시한다. 신자유주의자들은 국가권력의 시장개입으로 경제의 효율성과 형평성의 가치가 오히려 악화된다고 주장한다.

하지만 최근에 와서 효율성 중심의 기업 경영방식이 아니라 공공의 사회적 가치를 함께 추구하는 새로운 기업 경영전략이 주목받고 있다. 신자유주의 가치를 넘어서는 새로운 기업 경영전략은 기업이 공익적 가치를 자발적으로 실현한 결과물이긴 하지만, 한편으로 시민사회가 기업에게 공익을 추구하도록 압박했거나 기업 스스로 마케팅 관점에서 그 본질을 파악했기 때문일 수도 있다.

최근 기업들은 이윤창출과 관련한 효율성 증대에 중점을 둔 경영 원칙뿐만 아니라 공정성, 공평성 원리에도 관심을 갖기 시작하고 있다. 요사이 기업 경영에서 환경문제 해결을 위해 기업윤리, 윤리경영 등의 가치를 강조하는 것도 이러한 이유 때문이다. 이미 기업에서 시행하고 있는 '기업의 사회적 책임(Corporate Social Responsibility: CSR)'경영이나 '기업의 환경 · 사회 · 지배구조(Environmental, Social and Governance: ESG)'를 고려한 경영방식 역시 사회적, 공익적 가치를 추구하려는 변화된 시장의 모습이다.

이제 시장 영역에서 기업의 위상이 점차 변화하고 있음은 분명한 사실이다. 기업은 이윤창출 과정에서 기업 생존에 직접적인 영향을 미친 고객에 대한 분배 문제에도 주목하기 시작했다. 어쩌면 이는 인간 삶의 다양한 영역들이 기업에 미친 사회적 영향력에서 비롯된 것이라고도 볼 수 있다.

3) 시민사회

시민사회는 최근 사회구성원들의 자유로운 의사 표현과 이에 따른 공론 활동의 확대로 주목받고 있는 인간의 삶을 구성하는 영역이며, 국가와는 구분된 자율적인 사회 영역을 형성하는 형식화된 제도라고 할 수 있다. 시민사회는 국가의 법률체계를 초월하는 규범을 따르는 공동체로 존재한다. 또한 억압적인 국가권력에 맞서는 삶의 영역으로서 정치적 협의 과정에서 기존 기득권의 현상 유지에 조직적으로 저항하는 형태를 보인다. 최근에 와서는 시민사회 내 자유로운 결사체들의 다원성이 인정되면서 개인의 권리를 주장하고 그 영향력을 확장하고 있다.

시민사회의 발전과정을 살펴보면, 서구에서는 주로 시민성 회복과 시민참여의 전통을 복구하려는 비(非)정치적이고 문화적인 가치를 지향하며 존속해왔다. 반면 서구 이외의 사회에서는 권위주의적 정권과 통치에 대한 저항이나 투쟁과 같이 정치화된 모습을 유지해왔다.

시민사회는 권력을 제한하면서 국가와 시장의 기능과 관련하여 다양한 대안을 제시하기도 한다. 특히 시장 영역에서 신자유주의가 가져온 여러 가지 사회적 폐해를 막기 위해 집단 구성원 간 의사소통을 중심으로 그 영역을 확장하고 있다. 현대적 의미의 시민사회 개념은 서구 국가가 아닌 제3세계의 민주화 과정에서 재발견되었다고 볼 수도 있다. 1970~80년대 비(非)서구 국가에서의 민주주의 발전과정이나 1990년대 이후 미국과 유럽으로 이식되어 형성된 사회적 경제(social economy)질서와 공동체 윤리의 확장은 시민사회가 추구하는 전형적인 가치 실현의 유형이라고 할 수 있다. 이처럼 현대사회에 이르러 경쟁질서 외에 공익적 질서 확립을 가능하게 하는 상호협력과 사회적 연대의 가치가 상생과 나눔의 실천을 통해 구체화되고 있다.

한편 시민사회는 지역공동체의 근간을 이루는 중요한 사회 구성요소이기도 하다. 그리고 의사소통과 참여 원리를 통해 시민이 주도하는 정치적 민주주의에도 긍정적인 영향을 끼쳤다. 이와 관련하여 미국의 정치학자 로버트 퍼트넘(Robert D. Putnam)의 '사회적 자본' 개념과 독일의 사회학자 위르겐 하버마스(Jürgen Habermas)의 '공론장'에 관한 학술적 논의는 추후 시민사회의 확장에 관한 연구에 이론적 배경을 제시했다는 점에서 주목할 만하다.

사회적 자본(social capital)은 사회의 신뢰 체계에 근간을 두고, 인간 행위의 효율성을 높이는 네트워크 등의 사회조직적 특성을 총칭한다. 사회적 자본은 타인과의 관계에서 책임 있는 이타적 행동을 유도하여 공동체주의를 실현할 수 있게 한다. 또한 공식적 삶의 영역에서의 조직화된 정치적 신뢰감 형성은 물론이고, 가족, 이웃 등의 비공식적 유대관계까지 강화해준다.

공론장(public sphere)은 시민들이 어떤 사건의 타당성에 대해 논증과 반박 등을 통해 자신들의 입장과 요구를 제시하고, 소통 과정을 통해 합의를 도출하는 공간을 의미한다. 공론장을 통해 사람들은 공공의 사회문제에 대해서 진진하게 함께 사고하고 논의한다. 그리고 공론장은 개인의 의견을 수용하면서도 합의를 강요하는 압력에서 벗어나 자유로운 위상을 지닌 민주적인 대화 공간으로 기능한다. 정보사회를 맞이하여 공론장이 '온-오프라인(on-off line)'을 가리지 않고 사회 곳곳에서 형성된 덕분에 소통하는 담론 민주주의가 실현되고 있다. 또한 집단지성에 의한 의견 교환이 활발하게 이루어지고, 사회규범의 타당성 여부가 많은 사람에 의해서 교차적으로 검증되는 의미 있는 공간으로 기능하고 있다.

사회적 자본과 공론장은 시민사회 내 합의와 상호 이해의 소통 과정을 가능하게 하여 사회문제 해결을 위한 제도의 안정적인 정착에 기여했다. 또한 다양한 결사체들이 타인과의 협력을 통해 영향력을 확장하여 비판적 문제의식을 통해서 사회문제를 합리적으로 분석할 수 있는 역량을 마련해주고 있다. 이제 인간의 삶에서 이루어지는 자율적인 관계에 의한 합의는 시민사회를 통해 구현될 수 있다.

이처럼 시민사회의 활동 영역은 정치적, 경제적, 문화적인 측면에서 다양해지고 있다. 하지만 시민사회가 인간의 삶에서 긍정적인 기능만을 한다고 볼 수는 없다. 최근 시민사회 내 개인과 집단들이 자신의 사익을 추구하기 위하여 특정 이해관계에 따라 시민조직을 선택하고 정책 과정에 참여하면서 시민사회 자체가 본래의 의미를 상실하고 새로운 권력기관으로 변하고 있다는 지적도 있다. 사회구성원 모두는 개별적인 시민단체의 평가와 관련하여 조직의 형성 원인과 과정, 활동 결과에 대해 면밀하게 검토한 후 비판적, 논리적 관점에서 분석할 필요가 있다. 시민사회 내 건전한 비판의식은 시민 자신을 위한 지속 가능한 공공적 환경을 만드는데 기여할 수 있을 것이다.

2. 사회문제 분석으로의 적용

지금까지 살펴본 바와 같이 국가, 시장, 시민사회로 구분되는 우리 인간 삶의 각 영역은 사회문제 분석에 있어 중요한 인식틀을 제공한다. 사회문제가 다양한 삶의 영역 간 상호작용에서 비롯되는 총체적인 문제인 만큼 이 세 가지 삶의 영역의 개념 속에서 해결책을 논의해야 한다. 사회문제 분석 과정에 이 개념들을 적용하기 위해 각각의 삶의 영역이 추구하는 가치를 구체적으로 살펴보면 다음과 같다.

첫째, 국가가 기본적으로 추구하는 가치는 공공성이다. 공공적 가치를 실현하기 위해 사회문제를 통제하고, 내부 구성원 간 갈등을 조율하며, 인간의 존엄성이 인정된 삶을 지원하기 위해서 노력한다. 따라서 국가를 중심으로 사회문제를 고찰하는 경우, 사회문제 해결을 위한 국가정책과 제도에 관한 연구로 이어지게 되며, 그 과정에서 특정 법과 제도의 실효성과 수정 가능성, 계급성 등을 비판적으로 분석하는 계기를 마련할 수 있다.

둘째, 시장이 추구하는 기본 가치는 상업성이다. 따라서 제품과 서비스의 상품화를 통한 이윤창출은 기업에 내재된 기본적 존재 이유이다. 그러나 시장을 중심으로 사회문제를 논의할 때는 기업의 상업화 과정에서 파생되는 반윤리적 가치 역시 동시에 비판적으로 바라볼 수 있어야 한다. 신자유주의 사상의 가치를 근간으로 하는 시장 영역의 질서는 인간의 삶을 풍요롭게 만들었지만, 빈부격차, 상대적 박탈감, 불평등, 계급화, 환경문제 등 여러 가지 폐해를 동시에 낳기도 했다. 따라서 시장 영역에서의 사회문제 분석 과정은 자본주의 체제에서 야기되는 다양한 사회갈등 문제의 실태를 중심으로 연구가 가능하다.

셋째, 시민사회는 사회구성원 각자의 프라이버시 확보를 주요 가치로 삼는다. 프라이버시는 혼자 있을 수 있는 개인의 일반적인 권리로서 인간 신체에 대한 불가침 권리를 포함한다. 사회구성원으로서의 시민들은 자신의 삶을 능동적, 주도적으로 누릴 자격이 있다. 하지만 생활영역에서의 인간의 권리는 국가의 강력한 통치 이데올로기나 시장의 과도한 상업적 경영전략에 침해당할 수도 있다. 더 나아가 시민사회의 구성원 간 상호작용 과정에서 타인과의 경쟁이나 심지어 타인의 일탈, 범죄 행위로 인해 인간 개인의 고유한 권리가 박탈당하기도 한다. 따라서 시민사회 내에서는 여러 형태의 사회문제에 대응하기 위해 사회적 연대의 질서 속에서 여러 가지 노력을 강구하고 있다. 하나의 사회적 쟁점을 두고 치열한 공론 과정을 통해 사회문제의 본질을 분석하거나 네트워크를 구축하여 개인 혼자서는 감당하기 어려운 사회문제를 집단적 수준의 협업을 통해 극복하기도 한다.

이처럼 국가, 시장, 시민사회로 범주화된 삶의 영역은 인간이 사회문제를 분석하고 해결 방안을 모색할 때 논리적이며 비판적인 사고를 할 수 있는 기본적 인식틀을 제공한다. 이 삶의 영역에서 나타나는 다양한 사회문제들이 서로 관련되어 있음은 분명하다. 과거부터 이어져 온 사회문제는 물론이고, 현재의 사회문제와 앞으로 닥칠 사회문제에 대해서도 국가, 시장, 시민사회 영역 속에서 함께 논의할 수 있다.

또한 이제 광범위한 사회문제의 본질에 내재한 여러 가지 이념과 가치의 역동적 변화 과정에 대해서도 깊이 사고해야 한다. 사회구성원으로서의 개인이 삶의 질(quality of life)을 스스로 향상시키려면 거시적 사회구조와 미시적 인간의 행위 모두에 관심을 기울이고, 타인과의 지속적인 공론 과정을 통해 자신만의 정확한 지식체계를 정립해야 한다. 그리고 사회문제 해결을 위한 관련 정보를 자신의 생활에 주도적으로 적용할 수 있어야 할 것이다.

제3장

사회 불평등 문제 : 빈곤, 노동, 복지

제3장 사회 불평등 문제 : 빈곤, 노동, 복지

1. 계급 · 계층과 사회 불평등 구조

사회 불평등이란 한 사회에서 가치 있는 자원이나 해당 자원에 대한 접근기회가 구성원들에게 합당하게 똑같이 분배되지 않는 현상을 의미한다. 결국 사회 불평등은 불공정과 불공평의 개념과 함께 논의된다. 불공정은 정의(justice)라는 가치가 의식적으로 개입된 개념으로 자원 분배가 올바르게 이루어지지 않은 상태를 의미한다. 한편 불공평은 자원이 똑같이 분배되지 않은 가시적 상황을 가리킨다. 따라서 현대사회에서는 공정한 분배, 공평한 분배가 각각 서로 다른 개념으로 논의되는 경우가 많다. 예를 들어 상식적인 생각을 하는 사람이라면, 게으르고 성실하지 않은 사람과 열심히 일하는 사람이 똑같이 보상받는 것을 두고 옳은 일이라고 생각할 수 없다. 만약 그럼에도 불구하고 두 사람이 똑같은 개수와 수량의 결과물을 나누어서 받는다면, 이는 공정하지 못한 분배라고 생각할 수 있다. 즉 수적 부분에만 초점을 두면 자칫 윤리적으로 불공정한 현상을 지적할 수 없을지 모르지만, 정의의 가치를 포함하여 사고를 하면 사람들은 공정과 불공정에 대한 개념을 더 정확하게 판단할 수 있다. 따라서 사회 불평등에 대한 개념은 곧 사회정의의 개념과도 연관된다고 할 수 있다.

현대사회에서 사회 불평등은 개인적 차원이 아니라 주로 사회집단의 차원에서 많이 발생한다. 사회 불평등 현상을 잘 나타내는 구조적 특징은 계급(class)과 계층(stratum)이다. 원래 계급은 주로 공통된 물적 자원을 가진 사람들의 집단으로 나뉜 사회적 층위를 의미한다. 계급은 유동적인 성격을 지니며, 대부분 그 물적 자원의 소유와 통제에 의한 불평등 구조에 의해 구조화된다. 반면 계층은 소득 등의 경제적 요소 외에도 교육수준, 직업, 생활양식 등의 비경제적 요인의 영향에 따라 나뉘는 사회적 층위를 포함하는 개념이다. 이 두 가지 용어 구분은 주로 학술연구 과정에서 적용되는 개념이며, 보통 일상에서 사람들은 이 두 개념을 혼용하여 이야기하는 경우가 많다. 전반적인 사회경제적 자원에 대한 통제나 접근에 있어서 위계적으로 서열화된 사회 불평등 구조는 현대사회에서 공고하게 자리 잡고 있다.

사회계층은 현대사회에 존재하는 거의 모든 사회구조에 체계적으로 내재화되어 있다. 비슷한 계층에 속한 사람들은 삶의 기회에서도 비슷한 처지에 놓이게 되는 경우가 많다. 따라서 어쩌면 사회계층은 불평등 구조가 제도화되어 있는 인간 삶의 현실이라고 볼 수도 있다. 위계화된 체계가 하나의 문화로 굳건하게 자리 잡은 경우에 불평등 구조는 사람들에게 더 잘 보이게 된다. 그리고 사회계급, 사회계층은 구성원들의 생활양식 전반에 다양한 영향을 끼친다. 그 영향력을 살펴보면 다음과 같다.

첫째, 사회계급, 사회계층에 따라 사람들은 서로 다른 건강 상태를 보이기도 한다. 선행연구에 따르면, 경제적으로 부유하고 높은 학력과 고임금의 직업을 가진 사람이 계급적, 계층적 층위가 낮은 사람보다 더 건강할 가능성이 크다는 연구결과도 있다. 왜냐하면 가난한 사람들은 건강에 해로운 환경에서 생활하거나 직업군의 특성상 위험한 노동환경에서 일할 가능성이 더 높기 때문이다. 또한 이들은 사회경제적 지위가 높은 사람들에 비해 고가(高價)의 영양이 풍부한 좋은 음식을 접할 가능성이 현저히 낮다. 더불어 이들은 좋은 거주 공간에서 배제되는 경험을 하게 되는 경우가 많다. 이로 인해 깨끗하지 않은 위생 상태에 노출되면서 관련 질병에 걸리기 쉽다. 사회경제적 지위가 높은 사람들이 건강 유지에 필요한 의료, 보건 서비스에 접근할 기회도 더 많이 얻게 된다는 연구결과도 있다. 사회계급, 사회계층은 인간의 수명과도 연관되는데, 이는 신체적 건강 상태가 결국 사람의 수명에 영향을 미치기 때문이다. 사회계급, 사회계층이 낮은 사회구성원들은 건강한 삶을 살아갈 수 있는 안전한 환경에서 배제되는 경험을 하게 되는 것이다.

둘째, 사회경제적 지위는 정신 건강과도 관련된다. 낮은 수준의 사회계층과 사회계급의 사람들은 경제적 어려움을 겪는 동시에 사회문화적 관계에서도 주로 명령과 통제를 받는 입장이기 때문에 스트레스와 긴장, 불안에 노출될 가능성이 더 크다는 연구결과가 있다. 그들은 주변 환경에 대해 자신이 발휘할 수 있는 통제력이 그다지 크지 않아서 정서적인 부분에서 수동적인 태도를 보이기 쉽다. 그리고 사회문화적 환경의 특성상 그러한 상황에 어떻게 대처할 수 있을지에 대한 방법을 학습할 수 있는 기회를 부여받지 못할 가능성도 크다.

셋째, 가족생활의 형태 역시 사회계급과 사회계층에 따라 달라진다. 특히 경제적 문제로 야기된 가족 내 갈등의 정도는 심하게 외부로 드러나는 경우가 많다. 사회경제적으로 상위계층에 속한 사람들은 그렇지 않은 사람들보다 자신의 삶에 대해 더 많은 통제력을 가지게 된다. 이들은 장시간에 걸쳐 맺게 되는 결실을 얻기 위해서 현재 당장 가질 수 있는 즐거움이나 만족감을 연기(延期)할 능력이 있다. 그만큼의 시간과 노력을 배분할 정도로 경제적인 여유가 있기 때문이다. 이에 반해 하위계층의 사람들은 더 나은 미래를 위해 교육과 훈련을 받으면서 현재의 어려운 상황을 버틸 경제적, 사회적 자원이 부족하다. 따라서 미래를 위해 준비할 수 있는 기회가 상위계층의 사람들보다 더 적을 수밖에 없다. 예를 들어서 자녀 양육, 의료비 지출 등에서 경제적인 어려움을 겪는 하위계층의 부모는 안타깝게도 자녀 교육에 시간과 비용을 많이 할애하기가 어렵다. 당장 생계유지를 위해 일하느라 자녀에 대한 감독이나 지도가 어려울뿐더러 자녀 훈육의 경우 단시간에 효과를 볼 수 있는 엄격성에 근거한 신체적 처벌에 의존하는 경향이 있다.

이처럼 현재 사회계급, 사회계층으로 인해 야기되는 사회문제가 심각한 이유는 사회이동이 점차 더 어려워지고 있기 때문이다. '사회이동'이란 개인이나 집단이 다른 사회적 위치로 움직이는 것을 의미한다. 최근 계급 간 상향적 수직이동이 점차 힘들어지고 있다. 부모의 사회경제적 지위가 자녀에게 그대로 대물림되면서 '세대 간' 더 높은 사회경제적 지위로 올라가는 사회이동이 어려워지는 계층 고착화 현상이 심화되고 있는 것이다. 또한 개인이 생애주기에서 노동시장에 처음 진입하면서 획득하는 출발지위와 노동시장 내 마지막 사회적 위치인 종착지위를 비교했을 때 상향적 성격의 '세대 내' 사회이동도 원활하지 못한 실정이다. 또한 한국사회의 경우, 중년 이후의 빠른 실직으로 인한 계층 간 하강이동의 문제도 점차 심각하게 표출되고 있다.

결국 부모의 사회경제적 지위가 자녀의 사회경제적 지위에 그대로 영향을 미쳐 경제적, 사회문화적 자원이 대물림되는 현상은 현대사회 불평등의 원초적인 시작점이라고 할 수 있다. 귀속적 지위의 절대성이 성취적[업적적] 지위 상승을 위한 사람들의 노력을 무력하게 만들게 되었을 때, 인간의 삶은 공허해질 수 있다. 이러한 불평등 문화에 익숙한 사회일수록 사회를 긍정적으로 바꾸려는 의식적 수준의 성장 동력도 점차 약화될 것이다. 따라서 많은 국가는 이 사회계급, 사회계층과 관련한 불평등 현상을 극복하고자 다양한 사회정책을 꾸준하게 시행해오고 있다.

2. 빈곤과 불평등

빈곤은 사회구성원들에게 다양한 개념으로 인식된다. 빈곤은 생활수준의 낮음을 의미하는 절대적 빈곤과 타인과의 관계 속에서 설정된 불평등의 의미가 내재한 상대적 빈곤 개념이 함께 존재한다. 개인과 가족의 생존에 필요한 의식주와 기타 생활에 필요한 자원이 결핍되어 육체적인 능률을 유지할 수 없는 상태를 '절대적 빈곤'이라고 한다. 그리고 사회의 평균 또는 일정 생활수준과 비교하여 상대적으로 적은 자원을 가지고 있는 상태를 '상대적 빈곤' 상태라고 한다. 또한 사회구성원 개개인의 주관적 판단에 의해 규정되는 '주관적 빈곤' 개념도 있다.

절대적 빈곤은 통상적인 생활을 하는데 있어서 무엇이 부족한 상태를 의미한다. 반면 상대적 빈곤의 주요 구성요소인 불평등 개념은 상대적 박탈감과 관련된다. 그리고 주관적 빈곤 상태를 가져오는데 영향을 주는 빈곤문화는 조사결과 그것만의 독특한 특성이 있는데, 게으름, 의욕상실, 무관심, 소외의식, 반항의식 등의 생활 태도가 그것이다. 이 빈곤문화는 세대 간 세습되고 집단 간 순환되는 특성을 지닌다.

지구상의 많은 국가들은 빈곤층을 위한 사회정책과 프로그램을 개발하기 위한 기초 개념으로 절대적 빈곤 개념을 주로 활용한다. 국가는 절대적 빈곤과 관련한 정책과 프로그램 운용을 위해 육체적 능률을 유지하는데 필요한 최소한도의 생활수준이라고 할 수 있는 빈곤선(poverty line)을 설정하여 관련 제도를 마련하는 경우가 많다. 이 경우 빈곤선보다 낮은 수준의 소득을 얻는 개인과 가구가 빈곤층으로 규정된다. 예를 들어 한국 정부에서는 최저생계비를 빈곤선과 유사한 개념으로 인식하고 있다.

한편 상대적 빈곤은 한 사회 내 다수의 사람들이 누리는 물질적, 경제적 수준보다 상대적으로 더 낮은 정도의 생활수준 상태를 의미한다. 조금 더 포괄적으로 말하면, 한 사회에서 대부분의 구성원들이 누리는 일정한 수준의 생활을 향유하지 못하는 상태를 의미한다. 상대적 빈곤은 사회적 생활수준에 따라 변동하는 상대적인 개념이다. 생활수준에 대한 기준은 사회마다 다르며, 일반적으로 한 사회가 발전하여 경제적으로 풍족해질수록 상대적 빈곤의 기준은 높아지는 경향이 있다. 상대적 빈곤은 평균소득이나 중위소득을 기준으로 빈곤선을 설정하기 때문에 경제 발전으로 인해 평균소득이나 중위소득이 높아지면 상대적 빈곤선도 높아진다. 상대적 빈곤은 빈곤의 원천을 사람들 간 격차의 문제로 본다는 점에서 한 사회의 소득 불평등에 의한 상대적 박탈이라는 사회문제의 개념을 충실히 반영한다. 따라서 소득 불평등이 심할수록 상대적 빈곤의 비율이 더 높아지게 된다. 현재 많은 국가에서 대부분 평균소득과 중위소득을 활용하여 상대적 빈곤율을 측정한다.

정책 기준으로 설정하는 평균소득과 중위소득의 차이를 설명하면 다음과 같다. 평균소득은 소득이 가장 많은 사람이나 가구에서부터 소득이 가장 적은 사람이나 가구까지의 소득을 합산하여 전체 인구나 가구 수로 나눈 소득의 값을 의미한다. 중위소득은 소득의 크기순으로 정렬했을 때 정확히 중간에 있는 사람이나 가구의 소득을 말한다. 여기서 중요한 점은 관련 정책을 올바르게 시행하기 위해서는 전체 국민의 소득 분포를 면밀하게 살펴보고 둘 중에서 어떤 값이 더 정확한 빈곤층 대상의 정책적 지원을 가능하게 하는지를 고려해야 한다는 것이다.

예를 들어 총 10명의 국민을 대상으로 이들의 소득을 조사하여, 이 중 9명의 월평균소득이 100만 원, 나머지 1명은 1000만 원이라고 가정하자. 이 때 평균소득을 기준으로 상대적 빈곤의 기준을 정한다면, 국민 대부분의 수입이 월 100만 원임에도 불구하고 1000만 원의 수입을 올리는 1명 때문에 평균소득값이 높아져 상대적 빈곤율 책정에 문제가 발생하기도 한다. 이 경우에는 빈곤으로 인한 불평등을 완화하기 위한 국가정책을 중위소득을 기준으로 시행하는 것이 더 합리적일 수 있다. 이처럼 평균소득과 중위소득 중에서 어느 한 기준을 선택하기 위해서는 소득 분포에 대한 사전 검토가 필요하다.

앞서 이미 살펴본 바와 같이 많은 학자들은 빈곤과 문화적 조건에 대해서도 연구했다. 사회경제적 지위가 낮은 사람들에게서는 그들 특유의 문화가 대물림된다는 선행연구도 있다. 이와 관련한 연구주제로 논의되어 온 소위 빈곤문화론에서는 빈곤한 사람들이 내보이는 게으름, 무관심 등의 문화적 특징이 가족 내에서 다음 세대로 이어져 이들의 빈곤 상태가 그대로 유지된다고 주장한다. 이 관점은 학술적, 정책적으로 많은 논쟁을 불러일으키기도 했는데, 이는 곧 빈곤에 대한 책임이 당사자 개인에게 있으므로 이 이론대로라면 복지정책이 아무 소용없다는 논리가 성립하기 때문이다.

이와 관련하여 빈곤이 발생하는 이유를 개인적 이유와 사회적 이유로 나누어 고찰한 연구도 주목해야 한다. 일찍이 미국의 정치경제학자 찰스 머레이(Charles A. Murray)는 앞서 언급한 빈곤문화론과 관련하여 한 개인의 가난이 지닌 문화적 특성 때문에 그 사람이 가난한 것이므로 이러한 문화가 존재하는 이상 정부 보조 등의 복지정책은 사실상 무의미하다고 보았다. 이와 반대로 빈곤의 이유를 사회적 문제로 보는 사람들은 개인의 빈곤이 성(性), 인종 등의 귀속적 지위에 근거한 요인 때문에 발생하거나, 교육 불평등, 상속제도 등 개인에게 자원이 불평등하게 배치되었기 때문에 나타난다고 본다. 그들은 사회구성원들이 자립할 수 있도록 지원하려면 복지정책 등 호혜적 성격의 제도적 장치 마련 및 관련 제도의 건전한 집행과 같은 사회구조적 해결책이 필요하다고 주장했다.

시장 내 빈곤의 발생 원인과 연계하여 빈곤으로 파생되는 사회문제를 바라보는 관점 역시 두 가지 상반되는 범주로 나뉜다. 첫째, '인적자본론'은 빈민들의 개인적 특성을 찾기 위해 적용되는 이론이다. 일반적으로 빈민들은 적은 지식과 정보, 좁은 인간관계 때문에 취업을 하기 위한 기회가 적고, 주로 낮은 보수와 열악한 생활환경에 처해있다고 본다. 즉 이 이론에서는 한 사회구성원의 시장 내 빈곤에서 비롯된 사회문제의 원인을 개인의 책임으로 귀속시킨다. 둘째, 이와 상반되는 '갈등이론'은 빈곤으로 야기된 시장 내 사회문제의 원인을 자본주의 사회에서 나타나는 자본 간 지배구조, 부(富)의 편재 현상, 상속제도 등으로 설명한다.

한편 지금까지 빈곤이 발생하는 원인에 대한 다양한 사회적인 요소들도 함께 연구되어왔다. 고령사회로의 진입, 본인과 가족의 질병과 사망, 실업 등 인간의 삶에는 빈곤을 야기하는 여러 가지 변인들이 항상 존재한다. 심지어 최근에는 노동조건의 열악함 때문에 아무리

열심히 일을 해도 가난에서 벗어나기 힘든 워킹 푸어(working poor)도 등장했다. 고용 안정성이 부재한 비정규직, 임시직 노동자들은 잠재적 워킹 푸어 계층의 구성원이라고 볼 수 있다.

빈곤은 여러 형태의 불평등 현상으로 귀결되는 사회문제와 관련된다. 예를 들어서 빈곤은 삶의 부정적 측면인 질병, 사망, 저학력 등의 문제와 연결된다. 그리고 빈곤에 따른 복지 등에 필요한 사회적 비용은 그 지원 범위와 지원 금액의 크기를 두고 사회구성원들 간 의견차이로 인한 갈등을 불러일으킬 때도 있다. 이 갈등은 동시대를 살아가는 비슷한 연령대의 사람들 사이에서뿐만 아니라 세대 간 갈등을 야기하기도 한다. 노년층 빈곤에 대한 사회경제적 지원은 결국 현재 청년세대들의 부담으로 다가올 수 있기 때문이다. 더 나아가 사회 불평등이 심화되면 가난하지 않은 사람에게조차도 사회적 위화감과 반감, 불만, 스트레스가 유발된다.

빈곤으로 야기된 사회 불평등을 줄이려는 정책과 노력에 대한 사람들의 생각은 각각 다를 수 있다. 사회는 안정적이라고 생각하는 구조기능론자들은 실제로 불평등이 사람들에게 성공을 위한 충분한 동기를 부여한다고 주장하기도 한다. 불평등이 사회구조를 안정적으로 유지하는 과정에서 중요한 기능을 한다고 보는 것이다. 반면 갈등론자들은 불평등이 여러 가지 사회문제를 직간접적으로 발생시키는 주요 원인이기 때문에 이를 정책적으로 해결하지 않으면 인간은 항상 갈등의 위험 속에서 생활해야 한다고 본다.

빈곤으로 야기된 사회 불평등을 줄이는 구체적인 정책과 프로그램을 두고 사회구성원 모두의 합의를 이끌어내는 것은 어려운 일이지만, 그렇다고 하더라도 공공영역은 사회적 양극화와 빈곤문제 해결을 위한 노력을 게을리해서는 안 된다. 특히 국가[정부]는 사회 하위계층의 삶을 항상 살필 수 있어야 한다. 현재 빈곤 극복을 위한 여러 가지 정책 프로그램들이 각 국가별로 운영되고 있다. 고용 확대, 취업 프로그램 활성화, 소득 지원 프로그램 운영 등은 그러한 노력의 예라고 할 수 있다. 국가[정부]가 공공성의 가치를 실현하기 위해서 구체적으로 진행하고 있고, 또 진행해야 하는 정책의 내용에 대해서 개관하면 다음과 같다.

첫째, 빈곤이 대부분 실업과 많이 관련되는 만큼 우선은 일자리 창출과 고용 확대를 위해 노력해야 한다. 국가는 일자리의 질(質)까지 고려하여 임시직, 일용직, 비정규직이 아닌 안정적인 일자리를 창출하는데 더 많은 노력이 요구된다. 실업문제 해결을 위한 정부의 직접적인 노력과 함께 시장 내 기업의 고용 확대를 유도하기 위한 세제(稅制) 혜택, 공공사업 프로젝트 시행 등의 다양한 정책적 노력이 필요하다. 또한 고용확대 관련 정책을 운용하는 과정에서 빈곤층의 물리적, 신체적 상태를 세심하게 고려해야 한다. 예를 들어 일자리는 있지만 장애인, 노인 등은 노동시장에 진입하지 못하는 경우가 있다. 따라서 이들이 고용 혜택 과정에서 불합리한 차별을 받지 않도록 세심한 정책 실행이 필요하다.

둘째, 빈곤층이 노동시장에서 효과적으로 경쟁하는데 필요한 직업 능력을 학습할 수 있도록 기회를 제공해야 한다. 구체적인 예를 들면 직업 훈련 및 상담, 취업 알선 프로그램 등의 정책적 지원이 있다. 물론 빈곤층이 이들 프로그램에 참여할 수 있도록 재정적 지원이 함께 이루어져야 한다. 그리고 빈곤층이 일자리를 얻은 후에 직장생활을 꾸준하게 유지해나가도록 교통, 보육, 주거 등의 문제도 함께 고민하는 정책적 배려가 필요하다. 일자리 알선만으로는 빈곤층을 가난에서 벗어나게 하려는 노력이 결실을 맺기 어려울 수 있기 때문이다.

셋째, 빈곤은 사회구조적으로 복합적인 문제가 작용하는 만큼 여러 가지 다양한 소득보장 프로그램을 함께 진행할 필요가 있다. 왜냐하면 소득은 다시 정책을 뒷받침하는 원천이 되기 때문이다. 하지만, 정책 제정자와 관련 조직의 운영자 간 지원 액수와 대상에 대한 관점의 차이 때문에 갈등이 발생하기도 한다. 이는 지나치게 큰 경제적 지원은 사람들의 노동 의지를 꺾게 되므로 되도록 지원액을 가능하면 줄여야 한다는 입장과 이와 반대로 지원액이 너무 작으면 그들의 삶에 현실적인 도움이 되지 않아 오히려 예산 낭비가 될 수 있다는 입장이 서로 상충하여 나타나는 현상이다.

각 국가가 자국의 다양한 빈곤문제를 해결하기 위해 불평등 완화 정책을 펼치고 있지만 그 과정에서 문제점도 발생한다. 정책 수혜의 사각지대(死角地帶)가 존재하는 점, 정책 운용이 빈곤층을 위한 직접적인 생계비 지원에 초점이 맞춰져 지속가능한 고용대책에 대한 심도 있는 추가 논의가 이루어지지 못한다는 점 등이 그 주요 문제점이라고 할 수 있다.

이제 빈곤에 대한 사회적 관심과 공동체를 위한 이타성에 근간을 둔 윤리의식 함양이 교육과정에서 요구된다. 노동능력이 없고 자활이 쉽지 않은 사람들이 경제적으로 지속가능하게 자립할 수 있도록 정책적 지원 과정에서 교육과 훈련, 일자리 창출 프로그램, 재취업훈련, 직업상담제도 등을 꾸준하게 운용해야 한다.

더 나아가 사회적 약자의 우선적 고용을 지원하는 적극적 조치(affirmative action)에 대한 제도적 고민을 꾸준하게 할 필요가 있다. 이 제도는 사회 불평등 문제로 인한 차별과 불이익을 구제하려는 복지정책의 일환이기도 하다. 하지만 자칫 '역차별' 문제가 발생할 수 있는 만큼 사회공론화 과정을 통해 그 적절성을 체계적으로 검증해야 할 것이다.

3. 노동과 불평등

자본주의 사회에서 대부분의 사람들은 비생산적 노동보다 생산적 노동에 의미 있는 가치를 부여하는 경향이 있다. 여기서 말하는 생산이란 인간이 생활하는데 필요한 각종 물건을 만들어내는 활동, 즉 육체적, 정신적 노동을 노동대상에 투입하여 유용한 재화와 용역을 만들어내는 일을 종합적으로 가리키는 개념이다. 인간이 사회에서 생활하려면 정도의 차이는 있겠지만 대부분 생산을 위한 노동을 하기 때문에 우리 주변에는 이 노동을 둘러싼 다양한 사회문제들이 자주 나타나고 있다.

산업사회에서 중요한 사회적 관계 중 하나가 노동력을 판매하는 노동자와 노동력을 구매하는 사용자 간 관계이며, 이를 노사관계라고 한다. 노사관계는 노동력과 임금이 교환되는 사회적 공간인 노동시장에서 이루어진다. 협의의 노사관계는 노동자와 사용자 간 노동력 매매와 사용에 관련된 협상 관계를 의미하며, 광의의 노사관계는 노동시장과 생산조직 내에서 노사 간에 일상적, 지속적으로 이루어지는 모든 사회적 관계를 의미한다. 노사관계는 대립적이면서도 타협적인 성격을 동시에 지닌다. 본질적으로 노동자는 높은 임금, 적은 노동시간, 쉬운 노동을 원하는 반면, 사용자는 높은 생산성과 낮은 비용을 목표로 하기 때문에 낮은 임금과 장시간 노동, 고강도 노동을 추구하게 된다. 따라서 노동자와 사용자 간 서로 다른 가치관에서 비롯되는 대립은 불가피하다.

자본주의 사회에서 노동자는 생계유지를 위해 사용자가 필요하고, 또 반대로 사용자는 자본축적을 위해 노동자가 필요하기 때문에 양자는 공존하고 타협할 수밖에 없다. 그러나 이 양자 사이에 갈등이라도 한번 불거지면 이는 바로 심각한 사회문제가 된다. 따라서 노동자와 사용자 간 관계를 중재할 공공영역이 필요하며, 이때 국가는 양자 모두에게 일정 부분 개입하는 역할을 담당한다. 즉 국가는 노사 양자 간 교섭 과정에서의 대립을 조정하는 역할을 이행한다. 결국 이러한 의사소통 과정은 노동을 둘러싼 불평등 기제를 완화하는 과정으로 볼 수 있다.

오랜 기간 노사 간 발생하는 여러 가지 문제에 대한 논의가 진행되어왔다. 예를 들면 정규직 및 비정규직 노동의 고용 안정성 문제,

비정규직 노동이 용역, 하청, 파견, 위탁 등 새로운 하위개념으로 재분화되면서 발생하는 문제, 노동자의 법적 보호 문제, 노동자의 임금 문제, 노동자와 사용자 간 공식적 · 비공식적 측면에서 발생하는 갈등 문제, 휴가 등 노동자 복지와 권익에 관련된 문제 등이 그것이다.

노동문제는 한 사회의 계급, 계층 문제와도 곧 연결된다. 노동과 사회 불평등 문제의 연계가 사람들에게 본격적으로 인식되기 시작한 시기는 신자유주의가 세계를 휩쓸었을 때부터였다. 신자유주의가 생산성을 강조한 결과 노동자들은 사회질서의 유지를 위한 일방적인 희생자가 되었다. 이러한 현상은 정규직보다 비정규직 노동자에게 더 집중되었다. 지금도 사람들은 시장에서의 그러한 상황을 두고 가치의 차이에서 오는 갈등 상황을 경험하고 있다. 즉 인간이 생활하고 있는 사회 전체를 위한 부(富)의 창출을 위해 어쩔 수 없는 현상이라는 주장과 인간 생존을 위한 존엄성의 보호라는 측면에서 그러한 시장 중심적 사고를 벗어나야 한다는 상반된 가치가 대립하고 있는 것이다.

신자유주의 가치에 의하면 기업의 정리해고와 비정규직 고용의 확대는 자본시장의 자유이자 경쟁질서에 따른 것일 수도 있다. 인간이 생활하는 삶의 영역 중 하나인 시장은 경쟁과 효율성의 가치를 실현하기 위해 노력하게 된다. 그리고 그 덕분에 사람들은 생산된 자원과 임금을 기반으로 자신의 생활을 영위하게 된다. 하지만 다른 한편에서는 노동과 관련한 인간의 존엄성에 대한 인식은 효율성의 가치와는 비교할 수 없는 그 상위의 가치이기 때문에 이를 존중해야만 한다. 이처럼 상반되는 삶의 가치는 노동 영역에서의 불평등 해소를 위해 우리 사회에 병존하는 사고의 틀이라고 할 수 있다.

현재 세계화와 정보화라는 시대적 상황에서 기업 경쟁력은 인적자본의 질에 의해 결정되는 경우가 많다. 따라서 정보와 지식의 생산 주체인 노동자에게 그들의 창의성을 발휘하도록 유도하는 기업의 경영전략은 중요하다. 최근 기업은 이 같은 노력을 시도하고 있다. 노동자들을 직접 기업 내 의사결정에 참여하게 하여 이들의 자율성 범위를 확장함과 동시에 책임감을 부여한다거나 성과와 능력에 따른 보상 체계를 제공하는 것은 그 사례라고 할 수 있다. 또한 참여와 자율을 기반으로 노동환경이 제대로 운영되려면 노사관계가 기존의 임금, 근로조건을 둘러싼 단체교섭 위주의 대립 구도에서 인적자원을 중요하게 생각하는 협상 구도로 전환되어야 한다. 즉 협력적 노사관계 구조가 중요해지고 있다.

노동 영역에서의 불평등 해소와 관련하여 노동복지에 대한 사회적인 요구도 증가하고 있다. 노동자의 노동력 제공과 노동력의 재생산 과정에서 인간다운 삶이 위협받는 것을 최소화하는 것이 노동복지의 지향점이다. 결국 노동조건에서의 불평등 해소가 노동복지의 시작이라고 할 수 있다. 노동조건은 노동시장, 임금, 산업재해 및 직업병 등 수량화할 수 있는 부분뿐만 아니라 직장 내 인간관계, 심리적 문제 등 양적으로는 파악할 수 없는 무형적인 부분까지도 포함한다. 이처럼 노동복지는 노동자에게 최소한의 인간다운 삶을 보장하는 정책이라는 점에서 꾸준히 주목할 필요가 있다.

4. 불평등 문제 해소를 위한 복지정책의 운용과 재정정책의 원리

일반적으로 사회복지는 인간의 삶의 질을 개선하려는 목적의 사회적이고 조직적인 활동으로 정의할 수 있다. 좁은 의미의 사회복지는 인간의 빈곤 경감을 목적으로 하며, 보다 넓은 의미에서는 각종 사회문제를 예방하거나 해결하여 개인, 집단, 사회의 삶의 환경을 개선하려는 모든 조직적 활동을 총칭한다.

최근 사회복지는 자본주의 시장의 성격과 조건 변화에 대응하기 위해 국가가 복지에 개입하게 되는 제도적 차원의 현상으로 변화하고 있다. 현대사회에서 사회복지는 바로 이러한 국가 개입의 성격과 범위를 둘러싸고 다양한 수준과 형태의 패러다임을 경험하고 있다. 서구사회에서는 제2차 세계대전 전후 시대가 복지국가의 황금기로서 복지국가의 정당성에 대한 세계적 합의가 존재한 시기이다. 하지만 1970년대 석유파동(oil shock)을 시작으로 실업률 증가와 물가 상승이 함께 진행되면서 성장률은 절반 이하로 떨어지고 생산성 증가율 역시 급락하는 경제적 위기에 직면하게 되었고, 이 때문에 복지국가의 정책 운용의 정당성은 위기를 맞게 되었다.

이와 관련하여 미국의 정치경제학자 제임스 오코너(James R. O'Connor)는 국가체계와 재정적 위기를 다양한 시각에서 분석했다. 그는 국가의 기본적 기능을 축적(accumulation) 기능과 정당화(legitimation) 기능으로 나누었다. 축적 기능은 국가가 개입하여 자본가의 경제적 기능을 보장해주는 것이며, 정당화 기능은 사회정치적 기능으로서 사회체계가 잘 통합하여 작용하도록 해당 체계에 정당성을 부여하는 것을 의미한다. 축적 기능과 정당화 기능은 종종 역방향으로 작용하여 사회갈등을 유발한다. 국가는 사회갈등 해결을 위해 더 많이 개입하게 되고 이에 소요되는 재정도 부담해야 한다. 공적인 국가 활동을 강화할수록 정부 지출이 늘어나게 되어 관련 국가 경비(經費)를 개인과 시장에 세금으로 부과하여 충당할 수밖에 없는 상황에 처해지게 된다.

1990년대에 들어서 급속히 확산한 세계적 규모의 금융 주도 축적 체제로 인해 사회복지는 큰 위기를 맞게 되었다. 자본의 지구적 영역 확장으로 그간 기존 복지 체제의 이념적 근간을 유지했던 케인스주의(Keynesism)에 근거한 노동시장 질서가 무너졌기 때문이다. 이 시기 금융자본의 세계화 경향으로 야기된 사회문제 때문에 사람들은 복지국가 존위에 관심을 갖게 될 수밖에 없었다. 케인스주의는 경제순환 과정에서 나타나는 경제공황의 원인을 유효수요라고 판단한다. 수요는 가계지출, 기업 투자 등으로 이루어지는데, 불확실한 시장 환경에서는 개인이나 기업이 수요를 줄이기 때문에 경제가 어려워진다는 입장이었다. 따라서 케인스주의는 수요를 확보하기 위해서 국가가 직접 경제 상황에 개입해야 한다고 주장했다. 이 관점에 의해서 국가의 복지정책은 어느 정도 정당화될 수 있었다. 하지만 현재 금융자본의 세계화 현상은 누군가 인위적 수단으로 막기에는 힘들 정도로 확장해 나가고 있다. 따라서 케인스주의에 기반을 둔 경제질서의 원리 역시 많이 퇴색하게 된다.

한편 국가 개입을 최소화하고 민간과 기업의 활동을 중시하는 신자유주의적 정책들이 활발하게 진행되던 국가에서 사회 불평등이 갑작스럽게 확대된 것은 부인할 수 없는 사실이다. 금융자본의 세계화의 영향으로 기업은 투자환경이 우수하고 시장규제가 느슨한 국가를 선호하게 되고, 국가는 해외 자본과 투자를 유치하기 위해 기업이 임금 상승을 억제할 수 있거나 기업에 낮은 세금을 부과하는 등의 환경을 조성하게 된다. 결국 이 같은 신자유주의 사상에 기반을 둔 정책은 사회 불평등 현상을 더 강화하게 된다.

그런데, 앞서 살펴본 바와 같이 금융자본의 세계화로 인해 특히 빈곤, 노동 영역에서의 사회 불평등이 확대되었고, 이 때문에 복지정책과 같은 국가의 경제 상황에 대한 개입의 필요성이 다시 제기된 사실은 매우 흥미롭다. 이제 불평등 타파를 위한 사회정책과 관련하여 우선시해야 할 것은 사회구성원들의 생활 자립을 가능하게 하는 적극적인 보호 정책을 시행하는 것이다. 이는 빈곤층을 단순히 급여 수급권자로만 보호하는 일방적인 경제적 지원 중심의 재정정책에서 벗어나 일자리 창출, 직업 훈련 등의 구체적인 노동시장 내실화 방안 역시 수반되어야 한다는 의미이다.

최저생활보장 제도와 저소득층 일자리 · 소득지원 정책이 동시에 복합적으로 운용되어야 복지의 기본 가치가 모두 내재되어 있는 사회정책이 완성될 수 있다. 특히 이제 각 국가에서는 빈곤 해소를 위한 사회복지정책을 수립, 집행할 때에는 일자리 창출이라는 측면과 공평한 분배적 정의의 실현이라는 측면을 함께 고려해야 한다. 따라서 미래사회의 빈곤에 따른 불합리한 사회 불평등을 완화하기 위해서는 국가, 시장, 시민사회 모두의 노력이 요구되는 것이다.

사회복지는 사회구성원 모두의 경제적, 사회적 자립을 도모하고 삶의 역량을 강화하는 방향으로 진행된다. 따라서 국가가 복지정책 운용원리를 적절하게 실행해 나가는 과정은 복잡할 수밖에 없다. 지원 대상 결정과 그들을 위한 정책적 지원 내용 자체가 복합적인 모습을 보이고 있기 때문이다. 또한 복지정책의 기조는 정책 대상, 지원 서비스 성격 등에 따라 달라지며, 정책을 실현하는 과정에서 여러 가지 사회적 갈등이 발생하기도 한다.

이와 관련하여 복지정책을 운영하는 구체적인 방법을 둘러싼 사회적 갈등은 여전히 지속되고 있다. 예를 들어서 사회복지는 크게 보편적 복지와 선별적 복지 원리로 나눌 수 있다. 보편적 복지는 국민의 기여 여부를 묻지 않고 국민이라면 누구나 혜택을 받을 수 있는 복지이다. 반면 선별적 복지는 극빈층에 한해 이루어지는 제한적이고 선별적인 복지를 의미한다. 이 두 복지정책의 운용원리는 결국 복지 재정의 지원과 관련한 가치의 차이를 보여주는 것이다. 전자는 사회구성원이면 누구나 국가의 지원을 받는 것이 진정한 복지의 가치라고 주장하고, 후자는 현재 삶에서 복지정책의 수혜가 꼭 필요한 사회구성원을 위해 더 많은 지원을 해주어야 불평등의 원리가 해소될 수 있다는 입장이다.

결국 복지정책은 분배와 관련한 사회문제를 해결하기 위해 만들어진 것이기 때문에 경제적 후생을 위한 재정정책과 연계하여 논의할 수밖에 없다. 재정정책은 정부가 경기를 관리하고자 세입과 세출을 조절하는 정책이다. 정부의 수입, 즉 세입은 조세수입과 세외수입으로 구성된다. 조세는 정부가 공공지출에 대한 수요를 충당하기 위해 국민이나 주민에게서 강제적으로 징수하는 금전으로, 결국 조세수입은 시장이나 시민사회가 축적한 일부 생산물이 정부 영역으로 이전되는 것이다. 한편 세외수입은 경상적 세외수입(재산임대수입, 사용료수입, 수수료수입, 사업수입, 징수교부금수입, 이자수입 등)과 임시적 세외수입(재산매각수입, 부담금, 과징금 및 과태료 등, 기타 수입, 지난년도 수입 등)으로 나뉜다.

일반적으로 조세는 정부의 재정 재원 조달을 통한 공공 욕구 충족을 목적으로 한다. 여기서 공공 욕구는 사회구성원 모두가 필요로 하는 국방, 치안, 행정, 교육, 최소한의 생활기반 등 개인의 생명과 재산 보호와 관련된 것이다. 조세의 부과와 징수는 시민사회 내 개인의 저축, 소비, 투자, 노동 등에 대한 선택에 영향을 미칠 뿐만 아니라 시장의 수요와 공급을 변동시키기도 한다.

조세가 부과되는 원천이 되는 소득이나 재산을 세원(tax source)이라고 한다. 자본주의 사회에 있어서 세원은 개인의 소득이나 재산, 자본에서 비롯된다. 현대사회에서는 소비야말로 진정한 의미에서 중요한 세원이라고 볼 수 있다. 소비는 개인소득을 전제로 가능하기에 곧 소비세는 개인의 지출 능력인 소득을 원천으로 삼는다. 사회구성원들은 소득에서 소비하고 남은 부분을 저축, 주식투자, 개인사업, 토지/건물 매입 등에 할애한다. 개인소득은 사실상 근로소득이 통상적

이지만, 개인이 재산이나 자본을 운용하여 재산소득 또는 자본이득(capital gains)의 형태로 큰 소득을 얻기도 한다. 재산소득은 개인이 소유한 재산을 타인이 사용한 대가로 받는 순수입이며, 자본이득은 보유한 금융자산의 거래에서 발생하는 이익을 의미한다.

한편 재정이란 국가나 공공단체가 공공 욕구 충족에 필요한 수단을 조달, 관리, 이용하는 경제활동을 의미한다. 재정정책을 통한 효율성 및 형평성 원칙에 근거한 최적의 자원배분 원칙은 사회통합을 위해 실현되어야 할 복지정책의 일반적인 목표와 일치한다. 복지정책 실현을 위해 재정정책 운용 과정에서 중요하게 고려할 부분은 세제 부담 원칙이 각 사회계층 및 소득계층에 효율적으로 적용되었는지, 또한 공정하고 평등하게 배분되었는지에 대한 해답을 찾는 것이다. 현대 복지사회의 균형적 발전을 꾀하는 복지정책과 관련하여 조세제도를 비롯한 재정정책에서는 사회구성원들에게 불평등하고 차별적으로 과세해서는 안 된다는 조세 정의의 원칙은 중요하다. 왜냐하면 대부분 과세를 통한 정부 재정에 의해 분배의 가치를 실현하는 복지정책이 운용되기 때문이다.

복지정책의 성공적인 실현을 위해서는 효율적이고 공정한 재정 확보와 분배를 가능하게 하는 제도의 정비와 개혁이 끊임없이 이루어져야 한다. 국가가 정책을 통해 국민 모두의 다양한 욕구를 충족시키기는 현실적으로 어려운 일이다. 그래서 산업화 시대 이후 본격적으로 지방정부 중심의 정책 수립의 필요성이 공론화되고 있다. 사회 불평등 해소를 위해 구현되는 복지정책을 둘러싼 사회적 갈등은 공정한 자원 분배와 관련한 사회문제의 기본적인 속성을 여실히 보여준다. 따라서 사회 불평등 해소라는 복지정책의 근본적인 목표를 달성하기 위해서는 국가뿐 아니라 시장, 시민사회 모두의 소통과 노력이 필요하다.

제4장

도시문제 : 공간의 계급화와 교육 기반 문화 재생산

제4장 도시문제 : 공간의 계급화와 교육 기반 문화 재생산

1. 도시공간과 주거지의 계급 분화

인간의 삶은 사회적 공간의 지배를 받는다. 개인과 사회는 공간을 벗어나서는 존재할 수 없다. 공간은 개인의 삶이나 사회 발전의 물적, 상징적 기반이 된다. 인간은 태어나서 죽을 때까지 끊임없이 장소를 이동하며 살아가고, 모든 국가는 영토를 토대 삼아 생성, 발전, 쇠퇴한다. 자본주의 시대에 인간은 도시공간 내 다양한 생활환경 속에서 끊임없이 새로운 가치를 창출하기 위해 노력한다. 현대 도시는 이러한 사회적, 경제적 활동을 뒷받침하는 생산물로 구성된 물적 토대라고 할 수 있다. 산업화의 진행과 함께 도시 내 대규모 기업 활동이 집중되면서 일자리가 창출되어 그곳 인구가 급속하게 증가하게 되었다. 인구가 늘어난 만큼 사회적, 문화적 활동도 활발하게 이루어지고 있다. 현대 도시를 살아가는 사람들은 농업 중심의 전통사회, 공업 중심의 근대사회와는 전혀 다른 변화를 체감하고 있다. 그 과정에서 여러 가지 사회문제도 함께 야기되었다.

현대 도시의 주요 특성은 좁은 지역에 인구와 산업이 집중, 집적

된다는 점이다. 특히 인구문제는 대부분의 사회문제를 초래하는 원인이 된다. 인구문제는 크게 수적인 측면과 구성적인 측면의 문제로 나누어진다.

첫째, 인구의 수적인 측면에서 발생하는 사회문제를 살펴보자. 도시 내 인구는 기본적으로 출생률과 사망률에 따라서 달라지며, 특정 지역 내 인구는 물리적 사회이동의 영향을 받기도 한다. 인구증가로 인해 자원과 에너지 고갈 및 불평등, 자원 생산 및 분배, 일자리, 빈곤, 환경오염 등과 관련하여 지구적, 국가적, 생활문화적 차원에서 다수의 사회문제가 발생한다. 도시화에 따른 인구 집중 및 인구밀도 상승은 직간접적인 사회문제로 이어진다. 특히 도시인구를 위한 소비재의 집합적 공급이 중요한 사회문제가 될 수 있다. 쾌적한 도시환경을 위해 사람들이 이용하는 교통, 주택, 상하수도, 전기, 난방시설 등은 결국 구성원들이 이용 후 해결해야 할 환경 파괴 등의 사회문제로 이어지게 된다. 그리고 많은 인구가 환경 자원을 이용하는 과정에서 사회 불평등 문제가 함께 나타날 수 있다.

둘째, 인구의 구성적인 측면에서 발생하는 사회문제를 알아보자. 도시의 다양한 인구 구성은 생활환경에 여러 가지 사회문제를 안겨준다. 예를 들어 심각한 성비 불균형은 혼인을 둘러싸고 사회구성원 간 갈등과 불만을 일으킬 수 있다. 그리고 저출산, 고령화 등 세대별 인구 불균형은 노동력 부족과 노령인구 부양 부담의 사회문제로 이어진다. 최근에는 혼인이나 노동인구 유입으로 확산하는 다문화사회로의 변화가 문화적 충돌을 야기하기도 한다.

이미 세계 곳곳에서는 도시화와 산업화로 인해 지역 간 불평등 현상이 발생하고 있다. 선진 산업국가의 도시문제 전개 과정은 크게 두 가지 연구 관점에서 설명할 수 있다. 첫째, 도시화로 인한 사회적 접촉이 분업, 이동 등을 촉진한다는 '생태학적 시각'과 둘째, 자본주의 체제가 지닌 근본적인 한계 때문에 주택, 환경, 위생, 식량, 집단 갈등 등의 도시문제가 발생한다고 보는 '정치경제학적 시각'이 그것이다. 이처럼 현대사회의 도시문제 전개 과정을 바라보는 관점의 차이는 공간 분화 과정의 본질을 어떻게 바라보는가에 대한 입장 차이에서 비롯된다.

도시공간에서 소비 수단, 소비 대상의 분화가 가능해진 것은 도시민의 생계를 유지하고 있는 산업구조가 여러 가지 형태로 달라졌기 때문이다. 현대 도시민의 수입 창출은 다양한 융복합적 산업체계를 중심으로 이루어진다. 산업체계가 고도로 복잡한 형태로 지능화되고 있는 것이다. 과학기술의 발달로 인간이 담당했던 고강도의 노동을 기계가 대신하기 시작하면서 인간은 경제생산시스템 중 주로 서비스 부문에서 많이 활동하게 되었다. 근대사회와 비교해보면, 최근 자본축적 과정이 정보시스템 중심으로 진행되어 단위 시간당 노동생산성이 상대적으로 증가했으며, 사회구성원들의 삶의 구성 과정에서 남는 시간을 활용하는 여가 영역이 주목받고 있다. 이에 따라 시민들의 여가 생활과 관련하여 여러 가지 새로운 사회 하위 산업 분야가 나타나고 있는데, 대표적으로 웰빙산업, 관광산업, 활동형 스포츠 산업 등의 확산을 그 예로 들 수 있다.

최근 자본주의 사회의 도시연구는 더 심층적 수준에서 진행된다. 본질적으로 도시 관계는 첫째, 생산 및 소비 구조와 연관된 '경제적 관계'와 둘째, 사회적 상호작용, 공동체 형성 과정과 관련한 '문화적 관계'라는 두 가지 범주로 나누어진다. 도시 발달과정의 역사적 추이를 살펴보는 과정에서 자본축적 과정과 공동체 구성원 간 상호작용이 관련되어 있음을 알 수 있다. 현대 자본주의 사회의 도시에서 사람들은 상호의존적일 수밖에 없지만, 도시공간의 비대칭적 관계에 기인한 도시공간 및 그 내부 구성원 간 계급화 현상 역시 쉽게 목격된다. 도시공간에서의 계급화 과정은 결국 자본주의 사회에서의 자본축적과 관련한 도시 내 주거지의 분화 현상과 연관되어 있다.

예를 들어 도시 생활공동체 구성원들의 삶은 크게 직장으로 대변되는 노동 영역에서의 생활과 가정에서의 생활로 나누어진다. 노동력과 임금이 교환되는 노동자의 직장생활 과정에서 노동자들은 육체적으로나 정신적으로 여러 가지 어려움을 겪는다. 직장에서의 긴장과 피로를 회복하여 다시 직장생활에 뛰어들도록 충전해주는 역할을 하는 가정은 도시 생활자의 본질적 삶의 의미를 구체화하는 역할을 한다. 이러한 가정의 기능이 중요하듯 지역 내 이웃 간 모임인 근린(近鄰)도 중요한 역할을 한다. 근린은 도시구조의 공동체 지향성 분석과 더불어 인종, 산업구조, 하위문화 등에 의한 도시주민 생활환경 분석에서 중요한 단위로 사용되는 개념이다. 인간이 혼자 살 수 없듯이 가족도 단독으로 존재하기 힘들다. 그래서 인간은 오래전부터 촌락이나 집단을 이루며 가까운 이웃들과 함께 살았다. 원래 근린에는 물리적으로 가까운 관계나 문화적 유사성을 지닌 관계 등이 함께 포함된다. 도시공간 내 하위 문화적 관계라고 할 수 있는 근린에는 그 외형에서는 드러나지 않는 수많은 감정적 유대가 얽혀있다.

그런데, 자본주의 사회에서 대부분의 평범한 사람들이 주거지를 선택할 때 근린 문화가 지닌 특징은 결정적인 선택요인이 되지 않을 때가 많다. 사회 중산층이나 하위계층의 사람들 대부분이 자신의 주거지를 선택하는 과정에서 직장과의 거리를 중요한 변수로 생각하기 때문이다. 그리고 자신이 원하는 지역을 실제로 선택할 수 있는 사람은 사회 상위계층 구성원에 한정되어 있다. 이처럼 자본주의 사회에서 도시공간 분화의 중요한 요인 중 하나가 노동시장과의 거리에 기초한 관계망이다. 특히 고용환경과의 관계로 나타나는 공간 분화 현상은 취업 장소, 노동시간, 이동거리 등과 밀접하게 관련되어 있다.

한편 이동시간, 이동거리 등을 고려하여 직장과 가까운 곳에 주거지를 구하고 싶어도 사회 하위계층 구성원들은 본인의 의사와 관계없이 주거비가 적게 드는 외곽지역으로 밀려나 생활할 수밖에 없다. 대부분의 중산층 이하 사회구성원들은 먼 거리를 이동해야 하는 불편함을 감수하고 외곽지역에 주거지를 선택한다. 이러한 공간 분화에서 비롯된 원(遠)거리 주거지는 생활상의 불편함 이외에도 인간의 근본적인 삶의 질 문제에도 영향을 미친다. 실제 이동에 소비되는 거리와 시간을 계산해보면 삶의 상당 부분이 출퇴근길에 버려지고 있는 것을 알 수 있다. 즉 생애주기에서 이동에 많은 시간이 소요되면 사람들이 자유롭게 사용할 수 있는 시간이 줄어들어 삶의 질은 자연스럽게 떨어질 수밖에 없다. 그나마 최근 과학기술과 정보통신의 발달로 사회 구성원들의 주거공간 위치 선택의 폭이 조금이나마 넓어지는 경향을 보이는 것은 중산층 이하 사람들에게는 다행일 수 있다. 노동자와 사용자 간 협의가 이루어진다면, 거주지에서 일정 시간을 할애하여 원거리 노동을 하는 것이 물리적으로는 가능해졌기 때문이다.

도시에서의 주거지 선택 과정에서 직장과의 이동거리 외에 고려할 사항은 많다. 사회 하위계층은 거주지로부터 강제로 이동해야 하는 상황에 직면하거나 열악한 주거수준 때문에 건강상의 위험에 직접적으로 노출되기도 한다. 안전 사각지대에 있는 주거지에서 생활하는 사람들은 각종 범죄에 노출되는 위험을 감수하고 생활해야 한다. 이처럼 특히 도시공간 내 주거지의 문제는 미래에도 삶의 실존적 의미에 대한 사람들의 고민을 대변하는 사회문제일 것이다.

이 같은 도시문제를 한국사회에 적용해보자. 앞서 언급한 주거지 근린 문화의 중요한 변수는 적어도 한국사회에서는 교육환경이라 할 수 있다. 주거지와 계층 간 관계를 살펴보면, 교육환경이 좋은 지역은 거주비용이 많이 필요하기 때문에 이를 향유할 수 있는 사람들은 사회 상위계층의 사람들로 한정된다. 그리고 결국 지역의 좋은 교육환경으로 인해 계층 대물림이 진행되는 사회 불평등 현상이 이어지는 경향을 보이게 된다.

주지하다시피 인간이 생활하는 주거지는 인간 생활의 필수요소 중 하나이다. 자본주의 사회에서는 주거지 자체에 상품으로서의 자산 가치가 부여되기도 한다. 많은 사회에서 사람들의 거주지에 따라 계급이 형성되고 있다. 주거지 분화와 사회 불평등은 곧 교육, 문화 활동 등에서의 불평등으로 이어지기 쉽다. 주거지를 둘러싼 사회문제는 급속한 산업화와 도시화, 주기적인 부동산 가격 폭등, 개발이익을 노린 주택의 시장거래 때문에 더 가속화되고 있다.

현대 자본주의 사회의 도시는 산업 영역과 서비스 영역이 하나로 연결된 거대도시(metropolis)로 전환하고 있다. 거대도시의 내부 공간 구조는 다양한 이해관계와 정치, 경제, 사회문화적 요인에 의해 복잡한 형태로 세분화되어 있다. 자본주의 사회에서 도시 내 하위공간들은 사회적 연결망에 의해서 형성된 관계적 산물이다. 거대도시 내부에 존재하는 다양한 지역과 공동체의 특성을 전적으로 지리학적, 환경론적인 이론틀로만 분석하는 것은 바람직하지 않다. 도시연구에 대한 논의 과정에서 단선적인 역사적 산물로 도시의 본질을 한정하는 것도 지양해야 할 사고이다.

거시적인 도시생활 구조와 미시적인 도시민 생활은 상호 관련되어 있다. 지역공동체 구성원들의 물리적 입지 조건과 생활양식의 선택권은 도시공간의 계급화 문제와 연관하여 분석할 필요가 있다. 현재 거주지에서의 삶의 모습은 도시 주민들의 사회경제적 지위에 따른 공간 계급화의 결과물일 수도 있기 때문이다. 이를 대변하듯 도시 주거지는 이미 자산 가치로 등급화되어 있는 경우가 많다. 주거지 문제가 사회 불평등이 외부적으로 표출된 사회문제 중 하나라고 주장하는 것도 이 같은 이유 때문이다. 이미 오랫동안 주거 계급의 분화 문제와 관련한 사회과학 분야의 연구는 진행되어 왔다.

도시 내 지역 간 불균형과 격차는 지역차별에 따른 지역주의, 지역감정, 지역갈등과 같은 현상을 불러일으킬 수 있다. 지역차별은 어떤 삶의 기회에서 특정 지역이나 지역 출신을 우대하는 모습으로 나타난다. 지역주의란 자신의 출신지나 자신이 속한 지역의 역사, 문화 등의 특성을 자신의 것으로 동일시하여 애착을 품고 우선시하는 사고와 태도이다. 지역주의 자체는 크게 부정적이지 않을 수 있지만, 그 사고가 자신의 지역과 경쟁관계에 있거나 또는 차별적 태도를 보이는 다른 지역에 대한 부정적 감정으로 이어져 지역감정으로 전환되면 이는 심각한 사회문제가 될 수 있다. 결국 지역 간 불균형과 격차는 지역감정과 지역갈등으로 이어져 사회의 통합적 질서를 저해하기도 한다.

한편 도시공간 내에서 도시재개발 또는 도시재생 과정을 통해 도시 내 노후한 환경을 보다 나은 방향으로 개선하는 과정에서 사회갈등 문제가 발생하기도 한다. 도시재개발, 도시재생을 통해 토지이용의 효율성이 증대되기도 하지만, 동시에 토지 소유권 변화와 가격 폭등으로 지역 원주민, 세입자 등이 도시 외곽으로 밀려나기도 한다. 소위 젠트리피케이션(gentrification)으로 명명되는 사회문제가 발생하게 되는 것이다. 젠트리피케이션은 낙후된 구도심 지역이 활성화되면서 유입된 중간층 이상의 계층이 기존 저소득층 원주민을 대체하는 현상이다. 구체적으로 살펴보면, 이 현상은 지역개발에 의한 지가(地價) 상승 등의 문제로 기존에 살고 있던 지역주민이 외부로 쫓겨나게 됨을 의미한다. 그 과정에서 도시개발에 따른 이익이 외부 개발업자나 새롭게 바뀐 소유주에게 돌아가는 사회문제가 야기되기도 한다. 따라서 지역으로의 외부 자본의 유입과 기존 마을공동체 간 공생관계에 대한 공론 과정을 충분히 진행한 상태에서 도시재개발 또는 도시재생 사업을 추진해야 한다. 이처럼 도시 내 여러 가지 사회문제 해결을 위해서는 도시를 둘러싼 복잡한 관계에 대한 이해가 필요한 것이다.

2. 교육과 문화 재생산의 문제

변화된 문화에 대한 사회화 과정은 교육을 통해 본격적으로 성립된다. 일반적으로 사회화는 사람들이 스스로 소속된 시공간의 공통된 문화적 산물들을 수렴하는 방식으로 이루어진다. 즉 사회화는 유무형의 문화적 산물들을 경험하고 배우면서 자의식의 발전과 함께 삶을 영위하는 방법을 인식하고 깨우치는 과정을 의미한다. 교육과 관련하여 균형 잡힌 의사소통 과정을 위한 사회적 노력이 효과를 발휘하기 위해서는 사회화 과정을 주도하는 지식체계를 아우르는 체계적인 학습 목표가 구축되어야 한다. 새로운 문화를 둘러싼 다양한 생활환경은 여러 가지 지식체계의 융합 현상을 통해 조성된다. 그리고 이 융합적 지식과 행동이 사회환경과 결합해 어떤 방식으로 구체화되는지에 대한 분석 내용은 사회화의 본질을 알 수 있게 해준다.

교육은 여러 가지 점에서 사회에 긍정적인 기능을 담당한다. 이와 관련한 교육의 '기능론적 관점'의 연구를 살펴보자. 교육을 기능론적 입장에서 연구한 사람들은 일찍이 산업화 시대의 기능적 필요성 때문에 더 나은 학업능력이 요구된다고 주장했다. 그 학업능력의 배양이 곧 교육의 중요한 기능이 되는 것이다. 예를 들어 미국의 사회학자 버튼 클라크(Burton R. Clark)는 산업사회의 특징에 대해서 논하면서 주후 사회는 과학기술의 발전으로 직업기술 요건이 변화하여 점차 높은 수준의 기술에 대한 수요는 증가하고, 낮은 수준의 기술에 대한 비중은 줄어들 것으로 예측했다. 그리고 여러 직종에서 높은 수준의 기술을 필요로 하는 만큼 학교 교육은 이러한 직업에 필요한 전문화된 능력을 훈련하는 기능을 담당하게 될 것이라고 보았다. 이 기능론적 관점은 직업 세계의 요구로 노동을 담당하는 사람들에게 더 많은 교육이 필요하다는 논리를 성립시켰다. 그리고 빠르게 변화하는 사회 내 직업 특성에 적응하기 위해 사람들은 더 오랜 시간의 사회화가 필요하게 되었다고 보았다.

기능론적 관점에서의 또 다른 논의를 살펴보면, 미국의 농업경제학자 시오도어 슐츠(Theodore W. Schultz), 경제학자 게리 벡커(Gary S. Becker) 등 인적자본론을 연구한 학자들의 주장을 들 수 있다. 그들은 앞서 말한 기능론적 관점의 이론적 맥락을 개인에게 직접 적용하여 교육의 필요성을 논의했다. 이들은 노동자가 학교에서 배운 지식을 그대로 사용하여 직장에서의 생산성을 향상시킨다고 주장한다. 학교에서 직장에 필요한 지식과 기술을 잘 교육받은 노동자들에 의해 노동 현장의 생산성이 높아진다는 것이다. 그런데, 노동자의 임금은 생산성에 따라 책정되므로 학업능력이 높은 사람은 그만큼 생산성이 높기 때문에 임금 역시 많이 받는다는 논리를 폈다. 인간은 교육을 통해서 직장에서 요구하는 지식과 기술을 잘 습득해야 노동시장에서 생산성을 높이는 작업을 맡을 수 있다. 이와 같은 논리라면 사람들이 직업군에 필요한 지식과 기술을 더 많이 제공하는 학교에 가기 위해 치열한 경쟁을 하게 되는 현상이 나타나게 된다. 실제 우리는 이러한 사회적 현상을 주변에서 쉽게 목격할 수 있다.

하지만 기능론적 관점에서 살펴본 인적자본론은 여러 가지 비판해야 할 내용들을 담고 있다. 그 이유는 첫째, 학교에서 배운 지식이 반드시 직장에서 필요로 하는 지식만을 의미하지는 않기 때문이다. 학교 교육은 직업기술 외에도 타인과 사회를 함께 살아가는 교양을 갖춘 인간으로서 생활하는데 필요한 여러 가지 지식과 윤리를 학습할 기회를 제공한다. 둘째, 교육수준이 높을수록 반드시 더 생산적인 노동을 한다고 볼 수 없기 때문이다. 직군에 따라서 학력과 생산성이 비례하기도 하고, 그렇지 않는 경우도 있다. 예를 들어 기계 수리공, 공장노동자, 엔지니어 등은 학력에 관계없이 해당 분야에서의 경험이 많을수록 생산성이 높아진다. 전문직과 경영인의 경우에는 교육수준과 생산성이 비례할 가능성이 크다.

한편 앞서 살펴본 기능론적 입장에서 교육문제에 접근한 관점과는 상반되는 관점이 '갈등론적 관점'이다. 현대사회학 이론의 하위범주인 기능주의와 갈등주의가 대립하듯 교육문제를 놓고 각각의 이론에 기반을 둔 연구를 시도한 학자들은 그 교육의 의미에 대해서 서로 완전히 다른 주장을 하고 있다. 갈등론적 관점에서 교육에 대해서 연구한 내용을 구체적으로 살펴보자.

첫째, 교육은 지식 습득의 본래 목적과는 달리 교육받은 사실 자체가 특정 수준의 지식을 학습했다는 징표가 되어 그것으로 노동시장 참여자의 사회경제적 지위가 결정된다고 보는 견해이다. 이와 관련하여 영국의 사회학자 로널드 도어(Ronald P. Dore)는 소위 졸업장 병(diploma disease)이라는 용어로 교육수준과 입시경쟁을 설명하기도 했다. 지위 획득 수단으로 상급학교 졸업장이 필요한 사람들이 경쟁적으로 상급학교에 진학하여 원래 교육의 가치는 퇴색되고 높은 수준의 졸업장이 더 필요해지는 상황이 반복되는 현상을 논했다. 그리고 지위 획득 수단으로 졸업장을 받기 위해 인간이 노력하는 과정은 마치 계속된 질병을 얻는 과정처럼 인간 사회에서 지속되고 있다고 주장했다.

둘째, 갈등론적 입장에서는 교육 불평등이 개인의 계급 · 계층적 위치와 관련 있다고 본다. 노동시장에서 교육수준에 따라 사회경제적 위치가 달라지는 현상에 주목한 것이다. 그리고 이 교육수준은 원래 태어났을 때부터 주어진 귀속적 지위에 의해 결정되는 경우가 많다. 예를 들어 부유한 집안이나 교육수준이 높은 집안 출신의 사람은 부모의 사회경제적 지위가 대부분 대물림되는 경향이 있다. 그리고 획득한 사회경제적 지위를 통해서 다시 높은 수준의 교육을 받을 수 있는 기회를 얻게 된다. 결국 이 연구내용은 교육이 사회계층의 대물림 현상에 영향을 미치는 만큼 사회에서 발생하는 갈등의 주요 요인이 될 수 있다고 본다.

교육을 기반으로 한 문화재생산(cultural reproduction)은 한 사람의 일생에 중요한 영향을 미친다. 교육과 문화의 관계 맺음을 통해 나타나는 문화재생산은 교육기관을 통해 개인적 가치, 사회적 가치, 규범 등의 학습 콘텐츠가 사람들에게 전달되어 내재화되는 과정을 의미한다. 프랑스의 사회학자 피에르 부르디외(Pierre Bourdieu)는 인간의 사회경제적 지위와 문화적 지식 및 기술의 학습 과정에 주목했다. 물질적 측면에서 우위를 차지할 수 있는 경제적 자본뿐만 아니라 신뢰에 근거한 네트워크 체계라 할 수 있는 사회적 자본과 다양한 생활양식을 향유할 수 있는 능력인 문화자본이 인간의 계급과 관련되어 있다고 논했다.

예를 들어서 사람들은 자신과 가까운 인맥으로 대변되는 사회적 자본을 통해 자신이 필요한 여러 가지 물질적, 비물질적 자원을 제공받을 수 있다. 또한 인간은 자신이 생활하고 있는 주변 환경에서 자연스럽게 습득한 문화자본을 통해 삶을 더 풍요롭게 만들 수도 있다. 여기서 말하는 문화자본은 개인의 품격뿐 아니라 개인에게 체화된 높은 수준의 의식적, 행위적 특성을 총칭하기 때문에 그것의 형성 여부는 한 인간의 삶의 질을 결정지을 만큼 중요한 작용을 한다.

이처럼 사람들은 문화재생산 과정에 있어서 교육이 중요하다는 사실을 잘 알고 있다. 대부분의 사람들은 양질의 교육을 받기 위해 교육시설이 잘 갖춰졌거나 주변 환경을 볼 때 문화자본이 풍부한 거주지에서 생활하기를 원한다. 왜냐하면 교육을 통한 사회화 과정에 의해 사회적 자본과 문화자본의 대물림 현상이 나타날 가능성이 있기 때문이다. 이러한 이유로 교육환경이 좋은 지역의 주거 비용은 높을 수밖에 없다. 그리고 사회경제적 지위가 높은 수준에 있는 부모를 둔 사람은 태어났을 때 획득한 귀속적 지위에 따라 그들의 사회적 자본, 문화자본 형성의 수준 역시 높을 가능성이 크다. 더 나아가 이러한 환경에서 사회화된 사람들이 기성세대가 되면 부모의 좋은 사회경제적 지위를 유지할 수 있는 기회까지 얻는다. 즉 부모의 사회경제적 지위가 자녀에게 이어지는 계급·계층의 세습화 현상이 사회 곳곳에서 나타나게 되는 것이다.

이상 살펴본 바와 같이 사회 불평등은 도시[주거지], 교육, 사회화, 문화, 사회계층 사이의 밀접한 관계 속에 존재한다. 도시의 공간분화 정도나 형태는 각 사회의 고유한 여건에 따라 다르지만, 자본주의에 의한 도시화 과정에서 나타나는 복합적인 현상의 하나라고 볼 수 있다. 균형 잡힌 도시문화를 정책적, 제도적으로 배분하고 교육시스템과 연계하여 정착시키는 일은 사회구성원 모두의 안정적 삶을 유지하기 위해서 중요하다. 도시 공동체 구성원 간 원활한 의사소통을 통해 관계성을 회복시키려는 교육은 사회의 갈등을 줄여줄 수 있는 의미 있는 사회화 과정이라 할 수 있을 것이다.

제5장

성과 가족 문제

제5장 성과 가족 문제

1. 성 역할의 변화와 성 불평등 : 가정과 노동시장 구조의 특징

1) 성 역할 및 성 불평등 문제의 개념적 고찰

개인은 출생과 함께 사회 내에서 여러 가지 역할을 부여받는다. 사람들이 사회화 과정에서 보편적으로 체득하게 되는 역할 범주 중 하나가 성 역할이다. 일반적으로 성(性)은 생물학적 성(sex)과 사회적 성(gender)으로 구분할 수 있다. 생물학적 성은 사람의 유전적, 신체적 측면과 관련된 특성을 의미한다. 반면 사회적 성은 사회문화적으로 획득된 성으로 공동체 내에서 남녀별로 다르게 기대되는 문화적 속성에 기인한다. 즉 사회적 성은 인간이 출생하여 성장하면서 사회화된 경험을 통해 인식되고 규정된다. 과거 전통사회의 성 문화는 가족 재생산, 노동력 확보, 경제적 풍요, 가문 계승 등의 측면에서 중요한 의미를 지녔다. 하지만 현대사회의 성 문화는 이러한 집단주의적 가치에 의한 의미 부여보다는 개인 중심의 개념으로 바뀌고 있다.

성 역할은 성 정체성과 관련하여 사회적으로 수용된 특성과 행동을 의미한다. 지금까지 개인에게 내재한 성 역할 취득과정과 관련하여 다양한 연구가 진행되었다. 성 역할 취득과정의 특성은 인간의 능동성 여부에 따라 크게 두 가지 이론으로 구분하여 논의할 수 있다.

첫째, 성 역할 취득과 관련하여 인지발달이론(cognitive development theory)이 있다. 이 이론은 인간에게 성 역할이 부여되는 과정의 특징을 아동의 사고발달 과정에서 찾는다. 인간은 외부 자극에 대한 단순한 반응자가 아니라 자신이 활동하는 세계를 주체적, 능동적으로 구축해나간다고 본다. 즉 아동은 성장과정에서 주도적 인지과정을 통해 그들 스스로 남성과 여성의 성 역할을 취득한다는 내용이다.

둘째, 사회학습이론(social learning theory)에서는 아동이 성별 차이를 관찰하고 모방하면서 성 역할을 학습한다고 본다. 이 이론은 아동이 사회화 과정을 통해 성 역할과 관련한 정체감 차이를 내재화한다고 주장한다. 예를 들어 많은 사회에서 남자아이에게는 활발하며, 능동적인 성격을 요구하는 반면, 여자아이에게는 순종적이며, 조용한 언행(言行)을 하도록 교육하는데, 이러한 사회화를 통해 인간은 자신의 성 역할을 학습하게 된다고 본다.

성 역할은 끊임없는 외부의 자극에 대한 개인의 복잡한 반응에 의해 형성된다. 대부분의 성 역할은 남녀별로 특정 태도나 행동이 적절한지에 대한 문화적 기대치에 구성원 각자의 인지과정과 학습내용이 더해져서 분명해진다. 이 과정에서 사회는 개인에게 사회에서 요구하는 가치관을 끊임없이 내면화시켜 사회에 적응하도록 유도하고, 사회적 역할에 대한 기대와 규범에 동조하게끔 교육한다.

한편 인간의 생활공간은 크게 두 가지 영역, 즉 직장생활이 이루어지는 '공적인 공간'과 가정생활이 이루어지는 '사적인 공간'으로 나누어진다. 포스트모던 사회의 징후로 말미암아 더 이상 직장생활과 가정생활을 구분하는 의미는 많이 퇴색했지만, 여전히 이러한 양분법적 생활영역 구분은 고착된 이데올로기로서 우리의 생활세계를 강력하게 지배한다. 이 두 가지 삶의 영역에서 다양한 방식의 불평등 문제가 발생하고 있다.

인간의 생활공간에서의 성 불평등은 일시적이며 우연적인 사회현상이 아니라, 총체적인 사회구조적 모순에 의해 고착화된 사회의 모습이다. 성 차이로 인한 불평등한 권력관계가 존재하는 사회문제를 극복하려면 기존 성 역할 체계에 근거한 이데올로기에서 벗어나 성 역할과 성 불평등 문제를 주도적으로 비판하는 사회구성원의 올바른 지적 역량이 전제되어야 한다. 또한 성 불평등과 관련한 총체적인 문화, 관행 등의 거시적 사회구조를 개선해야 하며, 성에 따른 권리의 제도적 보장도 이루어져야 한다.

2) 가족구조에서의 성 불평등

성 역할의 인식 정도와 경험의 차이는 인간의 생존 양식 내에 존재하는 불평등 현상에 영향을 미칠 수 있다. 인간은 사회의 여러 가지 제도와 생활양식의 영향력 속에서 살아간다. 그 영향력은 인간에게 심리적, 행동적 측면에서의 여러 가지 압력을 가할 때가 많다. 예를 들어 가족구조 내 여성에게 부여된 사회적 역할은 여성의 생활시간 전반에 걸쳐 '출산이냐 일이냐'의 선택을 둘러싼 갈등 구조를 공고하게 만들었다. 가족구조 내에서 여성이 겪는 심리적 갈등의 본질은 사회적으로 규정된 과도한 책임과 의무 때문에 자신의 정당한 권리를 누리지 못한다는 사실이다. 최근에 들어서야 우리 사회에서 공고하게 유지되어온 고정된 성 역할의 정체성에 대한 공론이 형성되고 있다.

그동안 사람들은 '남성다움'과 '여성다움'을 성 역할과 관련한 특징으로 간주하고 사회구성원 개인의 의식과 무의식 속에 고정관념으로 내재화시킴으로써 사람들이 성별에 따른 보편적 특징을 서로에게 기대하도록 만들었다. 그리고 이 성 역할은 가족 내에서 주로 사회화되었다. 앞으로 남녀 간 고정된 성 역할에 대한 인식 전환으로 가족제도가 변화할 것인지, 아니면 가족구조의 변화가 전통적 성 역할에 대한 인지과정과 학습체계를 변화시켜 현재 사회구성원들의 다양한 성 인식이 표현될지를 판단하기는 어렵다.

본격적인 포스트모던 사회를 맞이하여 오늘날의 가족구조는 복합성과 다양성을 특징으로 이루어지고 있다. 사랑, 애정의 연대라는 가족 구성의 단일한 가치는 최근에 와서 조금씩 그 위상이 흔들리고 있다. 가족구조 변화와 관련하여 다양성의 가치를 무시하게 되면, 가족구성원 각자가 추구하는 고유의 생활양식을 간과한 획일적 문화가 사람들에게 주입될 위험성을 내포한다. 이제 가족의 다양한 가치를 수용하는 관점이 필요한 시기임은 분명하다.

현대사회에서 획일적인 가족 형태와 동질적인 가치관이 달라지는 현상은 가족 구성원 간 성 역할의 변화에서 비롯되었다고 볼 수 있다. 이는 가족 자체에 내재해 있는 존재의 의미를 넘어 개별 가족 구성원이 지닌 개인주의적 가치를 인정하는 것과 관련이 있다. 특히 여성의 경우 가족구조 내에서 '혼인→임신→노동시장에서의 이탈→출산→육아'로 이어지는 전통적 삶의 방식을 거치지 않고 자신의 기호(嗜好)에 맞는 생애주기를 선택하는 경향이 나타나고 있다. 이제 여성들은 결혼과 함께 출산을 선택하지 않고, 그 대신 자신만의 일을 선택하는 경우도 생기고 있다. 피임법 등 의학기술의 발달로 여성이 출산에 대한 통제력을 갖고 자유롭게 사회활동을 할 수 있는 계기가 마련된 것도 여성의 삶의 선택권 확대 현상에 영향을 미친 중요한 요인이라고 할 수 있다.

물론 여전히 많은 가정에서 여성들은 '출산'과 '일' 중 하나를 선택해야만 하는 사회적 압력을 받고 있다. 이미 고착된 이 사회구조의 압력은 여성이 절대로 하나를 포기하지 않으면 안 되는 상황으로 몰고 있다. 그에 따라 형성된 가사노동과 관련한 성 역할 갈등 역시 오래된 사회문제라고 할 수 있다. 이처럼 인간에게 주어진 선택의 기회가 늘어나고 있지만, 가족구조 내 성 역할과 관련한 남녀 갈등은 아주 오래전부터 현재까지 크고 작은 형태로 상당 부분 지속되고 있음을 부인하기 어려울 것이다.

3) 노동시장에서의 성 불평등

여성들은 대중교육의 보급과 확산으로 과거보다 빠른 속도로 자신들의 교육수준을 상승시켰다. 이로 인해 한 사회에서 남성에게 한정되었던 임금노동시장으로의 진입을 가능하게 만들어 여성의 가치관과 생활방식에 많은 변화를 불러일으켰다.

또한 본격적인 정보사회로의 전환 속에서 여성의 직업구조에도 변화가 생겼다. 정보통신기술에 의한 새로운 사회문화의 등장으로 노동시장의 형태 역시 변했기 때문이다. 기존 산업사회의 직업가치를 평가할 때는 생산성 중심의 제조업 분야의 성과가 주로 평가의 기준을 제시했다면, 정보사회에서는 융합지식 및 다양한 기술적 전달 체계를 통해 다방면에 걸친 직업가치의 평가 기준이 설정되었다. 그리고 그 과정에서 여성이 활동할 수 있는 직업군의 범위도 넓어졌다. 과학기술의 발전으로 남성보다 육체적 힘이 약한 여성들도 최첨단 도구를 활용한 노동참여가 가능해짐으로써 적극적으로 노동시장에 진입할 수 있는 기회가 생긴 것이다.

앞서 살펴본 바와 같이 과거에는 대부분의 여성들이 결혼, 임신과 동시에 경제활동을 중단하고, 노동시장에서 퇴장하는 경향이 많았다. 실제로 여성의 경제활동 참여율은 결혼, 출산, 육아가 이루어지는 생애주기에서 크게 감소하며, 자녀가 어느 정도 성장한 30대 후반에서 40대 정도에 이르면 여성의 경제활동 참여 정도가 다시 상승하는 양상을 보였다. 예를 들어 그래프에서 X축을 여성의 생애주기, Y축을 여성의 경제활동 참여율로 설정해 그 변화를 분석하면, 여성의 생애주기에 따른 경제활동 참여율은 M자형 모양을 그린다. M자형 그래프에서 경제활동 참여의 저조함을 나타내는 아래로 움푹 들어간 모양의 중간 부분이 바로 출산과 집중적인 육아 노동이 이루어지는 시기이다.

이러한 현상이 심각한 사회문제인 이유는 여성이 출산과 육아 과정을 거친 후에도 다시 노동시장에 진출하는 것이 매우 어렵기 때문이다. 설혹 노동시장에 진출할 기회가 보장된다고 하더라도 출산 전보다 일자리의 질(質)이 떨어진 직장에 취업하는 경우가 많다. 이 같은 경력단절에 대한 국가의 정책적 지원이 필요한 이유는 출산 및 육아 문제가 곧 한 사회의 존속 여부와 밀접하게 관련된 공공의 문제이기 때문이다.

관련 직종의 경력을 보유한 여성들이 출산으로 인한 경력단절 현상을 극복하도록 어떤 방식의 제도적 지원을 할 것인가의 문제는 중요한 정책적 쟁점이다. 최근 국가에서는 저출산과 노동력 부족 문제를 해결하고자 육아휴직제도, 보육시설 확충 등의 공보육 지원정책과 함께 노동시간 단축, 유연적 노동시간 운영 등의 정책에도 관심을 기울이고 있다. 또한 육아에 대한 성별 역할 분화 문제를 해결하기 위해 남성의 육아를 적극적으로 지원하는 정책적 기제도 마련하고 있다. 노동시간과 관련하여 탄력적 시간관리제도 운용 등 여성노동자를 위한 고용상의 법적 보호장치의 실행 가능성에 대한 여러 관점에서의 논의가 진행되고 있다.

이상 살펴본 바와 같이 정보사회로의 전환으로 노동활동에서의 시공간의 제약이 산업사회보다 적어지면서 노동시장 접근이 제한되었던 여성노동자들이 본격적인 임금노동 경쟁에 참여할 수 있게 되었다. 하지만 여성들이 노동시장에 활발하게 진출하고 있다고 하더라도 여전히 남성과 같은 수준의 진출이라고는 보기 어렵다. 그리고 경기변동이나 노동시장 구조의 변화 시 대부분 여성이 먼저 퇴출되거나 원하지 않는 노동시장으로 밀려나는 현상이 나타나고 있다.

또한 여성의 취업이 늘었어도 노동시장의 하층부, 즉 열악한 일자리를 채우고 있는 경우가 많다. 성별 임금 격차는 성별 직업분리 구조와 관련이 있으며, 성별에 적합한 일에 대한 고정관념이 고용 관행으로 굳어지는 경우도 많다. 사람들은 직업군에 따라 성별 노동참여에 대한 구분된 사고를 하기도 한다. 여성이 많이 종사하는 직종은 서비스직, 판매직, 단순 노무직 등이며, 남성은 관리직, 기능직 등에 상대적으로 더 많이 종사한다. 따라서 여성이 집중된 직종의 임금과 직업 안정성이 낮을 수밖에 없다.

여성이 노동시장에서 남성보다 열악한 지원을 받는 주된 이유는 여성은 노동시장에서의 유급노동과 함께 가정에서 가사노동, 육아와 같은 무급노동을 동시에 맡는 경우가 많아서 여성의 업무량과 직무 효율성에 대해 시장이 부정적으로 평가하기 때문이다. 결국 이는 남녀의 가사노동 분담과 관련된 문제에서 파생된 것이다. 여성의 출산휴가나 육아휴직으로 발생하는 추가 비용에 대한 고용주의 인식 변화나 공공적 국가정책 지원, 남성의 공동육아 노동참여는 성별 분업구조 때문에 나타나는 불평등 구조의 개선을 위해서 중요한 일이다. 성별 분업구조에 대한 고정관념은 결국 여성에게 더 큰 노동 부담을 안겨주었다고 할 수 있다. 최근 들어 남성의 가사노동 참여 정도가 증가하고 있는 것은 이 같은 문제에 대한 가족 내 부부 사이의 원활한 의사소통에 기인한다고 볼 수 있다.

이에 국가도 여성의 노동시장 참여와 보호를 위해 다양한 대책을 강구하고 있다. 무엇보다 고려해야 할 정책 방향은 근본적으로 노동조건을 개선하고, 과업 능력이 뛰어난 여성노동자들의 노동시장 이탈을 막으며, 출산 등으로 비경제활동 인구가 된 여성들의 노동시장에서의 배제를 해결하는 것이다. 더불어 여성의 임금노동을 위한 보육시설 등의 사회적 인프라 구축은 노동시장에서 여성의 고용 지위를 안정화하는 기본적인 정책적 배려이다. 다양한 보육정책의 실효를 위해 정부의 적극적인 정책 수립 및 집행이 필요하다.

노동시장에서의 성 불평등 문제는 결국 돌봄 노동(care work) 등의 인간의 삶과 관련한 기본적 생활방식과 연관된 사회문제라고 할 수 있다. 가족 규모가 줄어들고 여성 취업이 활발해지면서 가정에서의 돌봄 노동에 대한 고정된 성 역할 인식의 극복이 필요하다. 맞벌이 부부가 증가하면서 가족구조에서 남편과 아내가 동시에 돌봄 노동에 대한 책임이 있음을 사회구성원 모두가 인식해야 한다. 여성의 이중노동문제에 대한 정책적 지원 역시 요구된다. 개별 가족이 돌봄 노동을 전담하는 것이 아니라 사회가 본격적으로 지원하는 사회적 돌봄(social care)의 안정적인 제도적 구조화가 이루어져야 할 것이다.

2. 페미니즘의 개괄적 내용

페미니즘은 여성의 권리와 관련한 실천적 이론 및 사상에서 시작하여 최근에는 여성과 남성 모두를 논의의 대상으로 하여 인간 해방을 추구하는 사회운동으로 연구, 활동 영역을 확대해 나가고 있다. 또한 페미니즘은 성 정체성에 대한 다양한 관점의 연구모형을 제시하고 있다. 사회적으로 용인되는 성 정체성은 주로 사회화 과정에서의 학습을 통해 확립된다. 일찍이 인류가 형성되면서부터 성차별과 성 불평등 문제는 계급 불평등, 인종차별과 함께 인류의 대표적인 불평등 체계로 인식된다. 성 불평등을 주도한 이념으로, 성별에 따른 위계적 구분에 의해 문화구조가 재생산되는 문화적 특징 중 하나가 바로 가부장제이다. 가부장제는 페미니즘에서 중요하게 생각하는 여성의 차별을 추동하는 체제이다. 원래 가부장제는 가족 내에서의 아버지의 지배를 이르는 개념이었지만, 현재는 여성을 체계적으로 차별, 배제하는 사회적 제도와 관행을 의미하는 용어로 사용되고 있다.

가부장제가 성차별을 재생산하는 방식은 첫째, 성별 분업 원리에 의해서이다. 산업사회를 지배해온 이분법적 노동구조가 이를 대변한다. 남성은 직장노동, 여성은 가사노동에 종사해야 한다는 원리로 자본주의 사회에서 가정 내 무임금 형태의 부불(不拂)노동(unpaid labour)에 종사하는 여성의 노동가치는 평가 절하되기 쉽다. 둘째, 여성의 성 통제 문화에 의해 성차별 현상이 나타났다. 성 불평등이 재생산되는 중요한 이유 중 하나는 바로 성이 통제되기 때문이다. 예를 들어 임신 및 출산을 둘러싼 직장 내 차별 문화는 여성으로 하여금 본인이 주도적으로 자녀의 임신을 선택할 수 없는 통제 기제로 작용하게 되었다.

이러한 성차별 현상이 사회적 쟁점으로 떠오르게 된 가장 큰 요인은 과거와 달리 여성의 노동시장 진출이 늘어났기 때문이다. 여성의 사회 진출 확대를 가져온 여러 가지 이유를 들 수 있다. 우선 사회구성원 대부분이 개인화(individualization)된 가치를 중심으로 자신만의 삶을 추구하게 되었고, 의학기술의 발달로 스스로 인위적으로 임신과 출산을 조절할 수 있게 되었으며, 여성의 교육수준 향상으로 독립적으로 경제활동이 가능한 여성 인구가 증가했기 때문이다.

최근 여성의 노동시장 진출이 활발하게 이루어지고 있지만, 그럼에도 불구하고 노동시장 내 성차별 문제는 여전히 존재한다. 임금 격차, 업무와 승진에서의 성차별, 남성 중심의 조직문화 등이 대표적인 예이다. 특히 성별에 따른 직종 분리 현상은 여전한데, 사회에서 전문직 여성의 비율이 남성에 비해 현저히 낮음은 이를 방증한다. 아직까지 여성은 노동자로서의 정체성보다는 가정 내 그들의 역할이 더 우선시되는, 즉 남성을 돕는 부차적 노동자로서 인식되는 경향이 사회에 더 많이 남아있음을 부인하기 어렵다. 보육서비스, 육아휴직, 육아를 위한 한시적 노동 단축 등 직장생활과 가정생활을 조화롭게 양립하게 하는 기업과 사회 간 협력 시스템의 부족으로 기회의 불평등 구조에 노출되는 경우도 많다.

또한 페미니즘에서는 성폭력과 관련한 왜곡된 사회화 과정도 심각한 사회문제라고 논한다. 여성이 성폭력을 당했을 때, 피해자가 이를 감추는 이유는 아직까지 성폭력 피해자에게서 성폭력을 유발하게끔 한 잘못이 있다는 사회적 낙인이 작용하기 때문이다. 여러 페미니즘에서는 이를 여성을 대상화, 비인간화하는 착취와 억압의 사회구조라고 분석했다. 페미니스트들은 성폭력을 성적자기결정권을 침해하는 행위로 규정한다. 성적자기결정권이란 자신의 성적 행동을 스스로의 의지대로 선택하고 실행할 권리를 의미하며, 여성이 독립적인 성적 주체임을 강조하는 개념이다. 성폭력 피해 여성의 사생활을 드러내 피해자의 도덕성을 공격하는 경향은 성폭력을 정조의 침해로 여기는 가부장적 성윤리가 그대로 반영된 것이기도 하다.

한 사회에서 성적자기결정권은 성과 사랑에 있어 자율적이고 인격적인 관계를 회복하는 과정에서 인간에게 부여될 수 있다. 인간답게 생활할 수 있는 동등한 삶이 보장된다면 자율적인 인격적 관계가 회복되면서 자연스럽게 성차별적 권력관계가 해체될 수 있을 것이다. 이제는 여성뿐만 아니라 누구나 성폭력 피해를 입을 수 있다. 일례로 남성의 성폭력 피해 사건 역시 사회 곳곳에서 목격되고 있다. 성차별과 성폭력에 대한 사회적 책임의 문제에 대한 종합적이고 심도 있는 사회적 논의가 본격적으로 이루어질 필요가 있다.

3. 남성학의 개괄적 내용

페미니즘 운동과는 달리 남성학의 역사는 아직 일천(日淺)하다고 볼 수 있다. 페미니즘이 여성의 불평등 현상을 주로 연구했듯이 남성학과 남성운동의 연구 영역 역시 불평등하고 힘든 남성의 삶의 구조에 관한 논의가 주를 이룬다.

남성학 연구자나 남성운동가들은 남성이 겪는 삶의 고통은 한 집안의 아들로 태어나는 순간부터 시작된다고 본다. 지금은 그렇지 않지만, 과거에는 아들로 태어나면 딸로 태어나는 것보다는 부모의 기대를 더 많이 받을 수 있기 때문에 아들의 입장에서는 딸보다 더 나은 삶을 살 수 있다고 여겨졌었다. 하지만 남성학에서는 이러한 남성의 출생이 사실은 태어난 순간부터 부모의 기대치를 충족해야 하는 일종의 저당 잡힌 인생이라는 점에 주목한다. 예를 들어 어떤 사람이 아들로 태어나고 이후에 동생들이 생겼을 경우, 부모님이 돌아가신 후에는 장남으로서 동생들을 책임져야 한다는 심리적 압박감이 생기는 상황을 주변에서 쉽게 볼 수 있다. 한 집안에서 처음 태어난 남성, 즉 장남으로서 견뎌야 하는 삶의 무게를 그대로 짊어지고 평생 생활해야 한다는 것이다.

한편 집안에서 아버지는 전통적인 가장의 이미지를 유지하기 위해 자녀에 대한 애정 표현이 여성인 어머니에 비해 철저히 금기시된다. 가장은 늘 위엄이 있어야 하고, 침착해야 하며, 어떠한 집안의 위기를 맞이하더라도 심리적 중심을 잡아야하기 때문에 우리의 아버지는 대부분 표정을 드러내지 않는 근엄한 모습을 지니고 있다. 자녀들은 이러한 아버지의 이미지 때문에 아버지를 두려워하며, 일상적 일에 대해 아버지보다는 어머니와 더 많이 대화를 나누면서 심리적인 교감을 이룬다. 이 과정에서 표현은 하지 않지만 남성인 아버지는 심리적 박탈감과 소외감을 느끼게 된다.

한 사회에서 남성의 정체성이 주로 생계부양자로서의 역할에만 한정된다는 점도 주목할 만하다. 생계부양자로서의 정체성을 지나치게 강요하는 바람에 남성들은 노동시장에서 과도한 업무에 시달리게 되어 과로사나 돌연사 등 건강 및 생존 위험에 크게 노출된다. 남성들은 양립하기 어려운 '직장 내 능력 있는 노동자로서의 모습'과 '좋은 아버지, 자상한 남편의 모습' 사이에서 심리적으로 방황하기 쉽다. 일상생활에서 집중할 수 있는 시간은 한정되어 있기 때문이다. 이처럼 남성학 연구에서는 남성은 전통적 가부장제를 대변하는 집안 권력자의 모습이 아닌 사실상 가족 내 외톨이로서 일생을 살아간다고 본다.

한편 남성의 삶의 제약요인은 삶의 여유를 잃게 만든다. 대부분의 현재 중년 남성들은 노동 이외에 여가활동과 같이 스스로 삶을 자유롭게 향유할 수 있는 문화자본에 대한 교육을 충분히 받지 못하고 성장했다. 그들에게 여가는 주로 노동을 위한 휴식 기능으로 활용되었으며, 직장의 시간 구조에 맞춰 생활을 해왔다. 한국사회에서의 남성은 급속한 산업화를 거치면서 노동 후 남는 시간에 음주와 같이 단순하고 짧은 시간에 이루어지는 여가활동에 익숙한 경우가 많다. 중년 남성들에게 여가는 노동과정에 영향을 주지 않을 정도의 '짧은 시간'

에 비교적 '저렴한 비용'으로 인간관계 회복이라는 특성을 띠어야 했기에 음주문화가 그 합의점을 충족시켰다고 볼 수 있다. 그러기에 남성들은 바쁜 직장생활로 인해 중년으로 가는 과정에서 얻을 수 있는 추가적인 여가 학습의 시간도 박탈당한다. 그들은 노동시장에서 은퇴한 이후에는 직장에서의 업무 외에는 잘할 수 있는 일이 많지 않기 때문에 일상생활에서 철저하게 소외를 겪는다. 이처럼 중년 남성들의 시간, 경제력, 인간 상호 간 관계는 산업사회의 등장과 함께 지속되어 온 노동중심적 삶에 종속되었다고 볼 수 있다.

사회화 과정에서 남성은 여성 못지않게 '남성답다'라는 편향된 이데올로기를 강요당한다. 기쁘거나 슬프다고 해서 매번 감정을 쉽게 드러내서는 안 되고, 특히 울거나 말을 많이 하는 것은 금기시된다. 또한 육체적으로 강해야 하고, 겁을 내서는 안 된다는 내용의 사회적으로 규정된 남성다움을 문화적으로 강요당한다.

이제 남성의 삶의 변화와 성찰을 위해 남성학 분야에서도 다양한 학술적 논의를 시도하고 있다. 최근 들어서는 앞서 언급한 전통적으로 경험하고 있는 남성의 삶을 힘들게 하는 여러 가지 상황이 사회구성원 모두의 노력으로 상당 부분 개선되고 있다. 사회는 남성에게 더 이상 가족의 부양자로서의 정체성을 부여해서는 안 된다. 심리적, 정서적, 경제적 안정을 위해 여성과 가족에게 의존할 수도 있는 존재임을 사회구성원 모두가 자연스럽게 수용할 수 있어야 한다. 또한 산업사회 질서로 인해 구조화된 '남성은 직장, 여성은 가정'이라는 이분법적 삶의 구조를 극복할 필요가 있다. 그리고 사회적으로 억압된 개인의 감정을 표현하기 위해 노력함으로써 인간 소외를 야기하는 사회적 압박감으로부터 자유로운 생활을 할 수 있는 계기를 스스로 마련해야 한다. 이를 위해 무엇보다도 가족 구성원과의 솔직하고 친밀한 의사소통을 통해 인간 중심적 가치에 기반을 둔 인격체로서의 남편이자 아버지로서의 삶의 지향점을 재정립할 필요가 있다.

4. 가정폭력 문제 : 배우자 폭력과 아동 및 노인 학대

예전에는 가정에서 발생한 배우자 폭력은 부부간의 사소한 싸움으로 치부하여 진지하게 사회문제로 논의되지 않았던 시기도 있었다. 하지만 최근 사회구성원 모두가 가정폭력을 매우 심각한 사회문제로 인식하고 있다. 과거에는 남성의 여성에 대한 폭력, 부모의 자녀에 대한 폭력을 중심으로 문제의 심각성이 논의되었으나 최근에는 여성의 남성에 대한 폭력, 자녀의 부모에 대한 폭력도 과거보다 자주 발생하고 있다. 결국 이제는 가족 구성원 모두가 폭력의 가해자이자 피해자가 될 수 있기 때문에 함께 살아가는 주변 사람들이 선의의 감시를 해야 한다는 사회적 공감대가 형성되고 있다.

가정폭력에 대한 여러 가지 사례 연구를 살펴보면, 과거에는 육체적으로 힘이 센 남편의 폭력이 주를 이루었다면, 최근에는 아내가 남편에게 폭력을 가하는 상황도 과거보다 자주 발생하고 있다. 배우자 사이에 발생하는 가정폭력 발생 원인을 정리하면 다음과 같다.

첫째, 부부 사이에 의사소통이 제대로 이루어지지 않거나 고의로 의사소통을 거부하려고 폭력을 행사하는 경우가 있다. 특히 남성의 여성에 대한 지배를 뒷받침하는 가부장제가 가정 내 이데올로기로 자리 잡으면 가정폭력이 자주 발생하는 경향이 있다.

둘째, 경제적 어려움이 폭력으로 이어지는 경우이다. 인간의 생활을 위한 물적 토대의 부족함은 가정폭력의 직접적 원인으로 생각하지 않을지도 모르지만, 실제 대다수 갈등의 근원은 바로 빈곤, 가난 등의 경제적 이유라는 것을 부인하기 어렵다.

셋째, 사회경제적 지위가 높은 아내와의 의사소통 과정에서 남편이 자신의 권위가 손상되었다고 느꼈을 경우 아내에게 폭력을 가하게 된다는 연구가 있다. 예를 들어서 남편의 교육수준과 직업이 아내보다 사회적으로 인정받지 못하는 경우가 그러하다.

한편 가정 내 아동에 대한 학대는 배우자 사이에서 발생하는 폭력보다 더 외부적으로 잘 드러나지 않는다는 사실 때문에 심각한 사회문제라고 할 수 있다. 아동학대는 아동의 건강과 복지를 책임지는 사람으로부터 아동이 받는 신체적, 정서적, 심리적, 성적 학대 및 방임으로 정의된다.

아동학대는 그 특성상 가족에 의해 발생하는 경우가 많다. 가정 내 아동학대 중에서 특히 아동폭력에 대한 연구는 꾸준하게 진행되어 왔다. 예를 들어서 소득수준이 낮은 사회계층의 가족에게서 아동에 대한 폭력이 많이 발생한다는 연구결과가 있고, 반면 아동에 대한 폭력은 사회계층에 상관없이 발생한다는 연구도 있다. 아동학대에 관한 연구에서 주목해야 할 사실 하나는 부모의 폭력 성향이 다음 세대로 이어질 가능성이 크다는 사실이다. 즉 부모에게 학대를 받은 자녀가 자신이 부모가 되었을 때 자녀에게 똑같이 학대 행동을 이어갈 여지가 있다는 의미이다.

노인학대 역시 아동학대와 마찬가지로 가정 내에서 많이 발생하기 때문에 외부에 잘 노출되지 않는다는 속성이 있다. 노인학대는 가족 구성원인 배우자, 성인 자녀, 기타 부양자 등에 의해 나타나는 위해(危害)를 가하는 행동으로 신체적, 심리적 학대와 방임 등으로 나타난다. 노인학대의 주된 이유는 노인의 사회적 지위 하락과 개인주의 성향의 가치관 확대에서 찾을 수 있다. 이제 고령사회로의 진입으로 노인학대는 더 심각한 사회문제가 되고 있다. 사회가 고령화될수록 의존적 삶을 사는 노인세대와 이들을 부양해야 하는 청년세대 간 상호작용 속에서 갈등 양상이 가중되고 있는 것이다.

지금까지 살펴본 바와 같이 현대사회에서 개인주의적 가치의 영향을 받는 가족은 구성원 간 상호의존성보다 개인의 독립성을 중시한다. 오늘날의 가족은 과거의 가족과 분명히 다른 성격을 지니고 있다. 과거 전통사회와 달리 개인에게 더 많은 자유와 자율성을 부여하기 때문이다. 과거에는 가족 구성원이 어려움을 겪으면 서로 쉽게 도움을 받을 수 있었지만, 현재에 와서는 더 이상 가족이 무조건적인 보호막 역할을 자처하지 않는다. 결국 이 같은 시대적 흐름에 따라서 가족과 관련한 여러 가지 문제를 해결하는 기능과 역할이 다양한 복지정책에 기반을 둔 국가와 사회라는 공공의 영역으로 옮겨지고 있다.

제6장

세대 문제 : 청소년 문제와 노인 문제

제6장 세대 문제 : 청소년 문제와 노인 문제

인간은 주변 사회환경의 영향을 받으며 살아간다. 또한 한 시대를 주도하는 생활양식은 동시대를 살아가는 사람들의 의사소통 과정을 대변한다. 사람들은 출생하여 죽음을 맞이하기까지의 생애주기 과정에서 다양한 문화와 상호작용하면서 생활하게 된다. 대부분의 사람들은 시간적 흐름에 따라 각 생애별 특정 시기를 모두 경험하지만, 그 각각의 시기를 동시에 겪지는 못하기 때문에 세대 간 서로 다른 문화를 기준으로 두고 갈등이 반복해서 나타나게 된다. 특히 사회구성원으로서 주도적인 역할을 하지 못하고 주변인으로서 생활하는 청소년 시기와 생물학적으로 쇠퇴기를 거치며 각종 소외 현상에 직면하는 노년층은 시대와 지역을 초월하여 다양한 사회문제를 경험하게 된다.

인간의 생애주기 과정에서 청소년들은 본격적인 성인기에 진입하기에 앞서 다양한 심리적, 행동적 측면에서 긴장 관계를 경험한다. 다소 충동적이고 활동적인 성향과 다양하게 발현되는 개인 욕구가 합쳐진 이들의 감정적 특징은 기성세대가 이해하기 어려울 정도로 빠르게 변화한다. 그리고 이러한 특징들은 청소년 본인의 정체성 정립 과정에서 여러 가지 문제를 야기하기도 하고, 더 나아가 사회문제로 확장되기도 한다.

또한 청소년들은 성인으로서 사회적 인정을 받지 못하지만, 그렇다고 영유아기의 아이들이 사회에서 보호받는 것과는 또 다른 처우를 받게 된다. 그 과정에서 주변인으로서의 정체성을 지니면서 항상 자신의 존재 의미에 대해 고민하면서 생활하게 된다.

한편 인간은 노년기에 이르러 청·장년기에서 누렸던 다양한 사회문화적 혜택에서 배제되는 소외 현상을 겪는다. 노인들은 대부분 노동 영역에서 이탈한 사회구성원으로서의 특성을 지닌다. 노인들의 지혜가 사회적으로 인정받던 농경사회의 확대가족제도가 지니고 있던 가치는 산업화 및 과학기술 발전에 따른 경제구조의 변화로 붕괴되었다. 최신의 전문화된 새로운 지식과 기술이 중요한 정보사회의 핵가족제도 내에서는 노인의 사회적 역할이 평가 절하된다. 지금의 노인세대는 전통 농경사회에서의 가족 내 권위를 상실했을 뿐 아니라 사회적으로도 시장경쟁력을 잃은 힘없는 소수자로 전락했다.

노인들이 사회적 배제로 인해 느끼는 상대적 박탈감은 이들의 삶의 질을 급속도로 하락시킨다. 의료기술 발달에 따른 노인 인구 증가, 가족제도 변화로 인한 자녀의 부양의식 감퇴, 최첨단 산업구조로의 구조적 전환 등은 사회에서 노인들의 역할을 퇴색시켰다. 이러한 노인 문제 해결 방안을 모색하기 위해서는 생활세계 속 노인들의 삶에 대한 사회구성원 모두의 올바른 이해가 전제되어야 한다.

이처럼 청소년과 노인 모두의 행복과 사회질서의 안정적 유지를 위해 이들의 삶에서 발생하는 여러 가지 문제를 거시적 관점에서 살펴보는 것이 중요하다. 청소년 문제와 노인 문제는 세대 간 갈등을 불러일으키는 사회문제의 범주로 분석할 필요가 있다.

1. 청소년 문제와 사이버문화

청소년이란 개념이 본격적으로 논의된 시기는 일찍이 미국의 심리학자 그랜빌 홀(Granville S. Hall)이 인간 발달 단계의 하나로 청소년기(adolescence)를 규정하면서부터였다고 할 수 있다. 과거 농경사회, 산업사회에서의 청소년기 사회구성원들은 지금과 달리 어린 나이에 일찍 부모 곁을 떠나 노동을 통해 경제적 자립능력을 일정 부분 갖춘 반의존적(semi-dependent) 존재로 인식되었다. 오늘날과 같이 경제적으로 독립하지 못한 사회구성원으로 활동하는 청소년의 특징에 주목하게 된 것은 비교적 최근이라고 할 수 있다.

기존 기성세대 문화와는 다른 청소년 문화를 둘러싼 여러 가지 갈등 문제가 사회적 쟁점으로 드러난 것은 꽤 오래전 일이다. 현대사회의 청소년 문화는 기성세대 문화와는 다른 양상을 띠며 그 영향력을 확대하고 있다. 청소년 문화에는 여러 가지 복잡한 문화 구성 방식이 내재해 있어서 기성세대가 주도하는 사회가 청소년 문화를 바라보는 시각 역시 다양할 수밖에 없다.

지금까지 기성세대는 청소년 문화를 완성되지 않은 '미숙한 문화', '비행(非行) 문화', 기성문화에 대한 '반항적 문화' 등 부정적 개념의 문화 개념으로 인식하여 단순히 하위문화 또는 반(反)문화의 임시적 범주로 간주해 온 것이 사실이다. 청소년 문화는 기성세대에서는 찾아볼 수 없는 생동적인 문화구조를 갖고 있으며, 사회화의 기본단위인 가족, 학교 등에서 학습자로서의 사회적 역할을 담당하기도 한다. 인간은 이 시기에 생물학적으로 신체적 변화가 나타나고, 인지능력 측면에서는 추상적·개념적으로 사유할 수 있는 능력이 본격적으로 생긴다. 또한 일반적으로 이 때 자신의 불명확한 사회적 역할과 지위로 인해 심리적 혼란을 경험하게 된다. 사회가 청소년들에게 어떤 의무와 역할을 부여하느냐에 따라 상이한 행동 및 사고방식을 낳기도 한다. 따라서 청소년들은 사회화 과정에서 가치관의 혼란을 겪기도 하고, 기성세대의 주류문화에 적응하지 못한 경우 사회 부적응적 행동을 보이기도 한다.

청소년들은 생애주기의 위치에서 청소년기만의 특징으로 인해 갖가지 문제행동을 하는 경우가 많다. 청소년들에게서 하나의 문제행동이 발생하면, 이와 연관된 또 다른 문제행동이 함께 유발될 가능성이 크다. 이 같은 현상의 주요 원인 중 하나는 청소년과 가정, 학교, 지역사회와의 유대관계 약화에서 비롯된 사회적 격리 때문이다. 현재 기성세대는 입시 위주의 학업 중심 교육, 사이버공간으로의 접속으로 인한 오프라인상의 관계성 약화 등의 사회 역기능에 대해서 같이 고민하면서 청소년 문화에서 비롯된 사회문제를 염려하고 있다.

한편 청소년들은 미처 정체성의 확립이 제대로 이루어지지 않은 상태에서 기성세대의 소비문화에 휩쓸리는 경우도 많다. 일반적으로 소비는 사회적 삶을 구성하는 핵심 수단이며, 환경과 인간의 사고 및 행동 간 상호작용 속에서 나타난다. 현대 소비문화는 청소년 문화의 특징인 틀에 박히지 않은 충동적, 활동적인 성향과 개인의 소비욕망이 결합하여 새로운 감성주의 문화로 외현되고 있다. 이 감성주의 소비문화에 따른 생활양식은 개인화, 자기 표현성 증대, 스타일화 등의 개념으로 구체화되어 청소년들의 신체, 의복, 여가활동 등에 영향을 미친다. 청소년들의 특정 생활양식의 선택은 소비자로서의 정체성에 입각하여 감각과 감성에 의해 주로 진행된다. 또한 청소년들의 생활양식은 자기 스타일이 표현된 독특한 모습으로 구체화되어 개인 취향에 따라 색다른 소비문화를 이루게 된다.

최근 청소년 문화와 새로운 소비문화가 결합하여 구성된 새로운 활동의 장(場)이 사이버공간이다. 인터넷 공간에서의 사이버문화가 체계적으로 구성되는 과정에 청소년들의 감성주의 문화가 큰 영향을 미쳤으며, 이렇게 구성된 사이버문화는 다시 빠른 속도로 청소년들에게 엄청난 영향을 끼쳤다. 청소년들은 사이버공간에서 또래집단인 친구들을 통해 여러 가지 사회적 관계를 맺는 기술을 학습하기도 하면서 성인이 되었을 때의 사회적 역할을 미리 경험한다. 부모와 교사로부터 얻지 못한 정서적 지지와 함께 현실적인 정보를 공유하고 자신의 경험을 표현하는 기회가 주어진다.

인터넷을 기반으로 하는 사이버문화는 정보공간 내 의사소통의 주체와 객체 간 익명성 확보가 가능하다는 특징 때문에 청소년 사이에서 급속도로 확산하였다. 청소년들은 사회구성원으로서의 지위, 역할, 정체성 등이 완전하게 정립되어 있지 않기 때문에 실생활에서는 여러 가지 제약을 받는다. 하지만 사이버공간에서는 일정 정도 익명성이 확보되기 때문에 자신의 이미지를 새롭게 창출할 기회를 얻는다. 청소년들은 사이버공간에서의 활동을 통해 주변인으로 여겨지던 자신의 개성에 대해서 타인으로부터 존중받고, 개인의 자율적 판단 능력에 따라 능동적인 활동을 할 수 있게 된다.

한편 청소년의 생물학적 특징과 사이버공간의 특징이 맞물려 여러 가지 사회문제를 야기하기도 한다. 청소년의 충동적이고 미성숙한 인격으로 인해 사이버공간 내 악성 댓글, 저작권 침해, 인터넷 게임중독, 폭력·음란물 접촉 등의 사회 역기능적 행동과 상황 속에서 사회문제가 야기되기도 한다. 물론 청소년들은 온라인 활동 과정에서 자신에게 부여된 자유를 뒷받침할 책임 역시 함께 부여받는다.

청소년들의 인터넷 접속을 바라보는 서로 다른 관점이 있다. 첫째, 게임 등을 위해 접속하는 청소년의 행동이 하나의 여가활동에 불과하며, 따라서 이러한 행동을 병리적 현상으로 보는데 반대하는 입장이다. 둘째, 청소년의 과도한 인터넷 접속은 곧 온라인 중독이라는 일종의 질병에 의해 나타나는 현상이기 때문에 이를 해결하기 위한 여러 가지 의학적 지식이 요구된다는 입장이다. 이들 주장을 정리하면 다음과 같다.

먼저 청소년 인터넷 문화와 관련하여 그들이 인터넷에 접속하는 것을 일상생활 속 콘텐츠 체험과 관련한 여가활동 수단으로 파악하는 입장에 대해서 살펴보자. 청소년의 인터넷 접속을 긍정적으로 보는 사람들은 인터넷 중독에 의한 사회문제를 인정하지 않는다. 청소년이 인터넷 게임을 하는 것은 어떤 대상에 대해서 많이 몰입한 상태이지, 중독은 아니라는 관점이다. 따라서 올바른 인터넷 사용을 위한 청소년들의 교화 교육과정이 중요하다고 주장한다.

반면 청소년 인터넷 문화를 부정적으로 보는 관점에서는 청소년들의 무분별한 온라인 접속 과정을 온라인 중독이라는 병리적 현상으로 이해해야 한다고 주장한다. 청소년의 게임중독은 자아가 성숙하지 못한 청소년들이 사이버문화를 접하기 때문에 발생하게 되며, 이러한 행동으로 인해 여러 가지 사회문제가 파생된다고 본다. 사이버문화 체험 중 옳지 않은 학습효과에 근거하여 모방적 일탈이 일어나거나 사회성 결함을 초래하는 고립된 인간상을 제시한다는 점이 부정적 측면의 대표적인 사회문제이다. 기성세대는 청소년의 인터넷을 통한 과도한 콘텐츠 접속이 그들의 학업을 방해하고 건강까지 해친다는 이유로 일상에서의 지나친 인터넷 활용을 경계한다.

결국 이 두 가지의 상반되는 관점은 청소년 인터넷 문화를 둘러싸고 사회구성원 간 갈등이라는 또 다른 사회문제를 야기하기도 했다. 현재까지도 이 갈등구조는 계속해서 이어지고 있다. 온라인 청소년 문화는 원활한 의사소통을 위해 자신들만의 개인화된 문화코드를 생성함으로써 기성세대와 소통이 단절되어 사회갈등도 유발하게 된다. 따라서 기성세대들이 최근의 청소년 문화를 전반적으로 이해하려면 온라인 또는 온라인과 오프라인을 연계하여 나타나는 청소년 세대의 의식적, 행동적 특성을 함께 파악해야 한다. 청소년들이 사이버공간에서 어떤 콘텐츠에 호감을 갖는지, 네트워크상에서 어떤 방식으로 향유하는지, 이를 통해 어떤 심리적 효용을 얻는지를 알고 있어야 일부 청소년 문화가 사회문제로 변하는 과정을 막을 수 있다. 더 나아가 청소년들이 문화콘텐츠 공유를 위해 어떤 정보통신기술 활용 능력을 필요로 하는지, 그 기술적 능력이 인터넷 문화의 주요 소비자인 청소년들에게 어떤 심리적 만족과 효용을 주는지에 대해서도 연구해야 한다.

이처럼 이제 청소년들은 가족 내 서열화된 문화에서 벗어나 개인주의적 성향의 문화를 추구하는 방향으로 사고체계를 바꾸고 있다. 청소년들은 기성세대인 가족 구성원과 위계구조에 따른 집합 활동을 함께 하지 않고, 개인주의적 가치관에 기반을 둔 수평적 관계에서의 독립적인 활동을 원하는 경우가 많아졌다. 종종 청소년의 이 같은 변화된 행동과 가치로 인해 기성세대와의 충돌과 갈등이 발생하기도 한다. 이러한 세대 간 갈등은 그 조율이 어렵기 때문에 개인에게만 그 해결책을 맡기기보다는 공공영역에서의 교육 등에 의한 구조적인 문제 해결 노력이 병행되어야 할 것이다.

2. 노인 문제

현대사회에서 아직까지도 노인의 연령 규정과 관련하여 많은 논쟁들이 이어지고 있다. 사회적으로 합의된 노인 연령을 규정하는 것은 정책 기제를 구체적으로 적용하기 위해서 중요한 문제라고 할 수 있다. 노인 연령은 사회적, 심리적, 생물학적 연령을 모두 포함하여 규정하는 것이 바람직하지만, 실제로 이 모든 항목들을 포함하여 노인 연령을 정하기란 쉬운 일이 아니다.

여전히 학자마다 노인에 대한 개념을 서로 다른 방식으로 규정하고 있어 정책 적용 대상을 합리적으로 규정하기 위한 공통된 잣대를 마련하기가 어려울 때도 있다. 노인을 개념화한 선행연구를 살펴보면, 몇 가지 특징들이 있다.

노인은 신체기관 및 신체조직 기능이 쇠퇴해 있거나 환경변화에 적응하는데 문제가 있으며, 사회에 대한 적응력이 감퇴한 상태에 있다. 그리고 생물학적, 생리적 측면에서 퇴화기를 거치며, 심리적 측면에서 정신적 기능의 변화를 겪고 사회적으로는 지위와 역할이 상실된다. 이 같은 논의를 종합하여 노인에 대한 특성을 정리하면, 노인이란 노화로 인해 생물학적, 심리적, 사회적 기능과 함께 자립적 생활능력과 환경 적응력이 약화된 사람을 의미한다. 제도적 기준이 되는 노인 연령은 국가마다 다르게 규정하고 있는데, 이는 정책지원 대상 선정과 연관되기 때문이다.

지금까지 살펴본 바와 같이 노인은 신체적으로 노화과정이 발생한다. 이 노화과정에서 1차 노화는 신체 세포의 노화이며, 2차 노화는 결핍, 스트레스, 질병 등으로 인한 노화를 의미한다. 노화과정이 점진적으로 진행되는 만큼 사람들이 평소에는 여러 가지 노인 문제에 대해서 심각하게 생각하지 않다가 막상 본인이 노인이 되어서야 심각한 사회문제라는 것을 뒤늦게 인식하는 경우가 대부분이다.

노화과정을 통해 인간은 신체적 측면에서 제약을 받게 되는데, 일상생활능력(ADL : activities of daily living)과 수단적 일상생활능력(IADL : instrumental activities of daily living)이 약화된다. 일상생활능력(ADL)은 걷기, 앉기, 목욕하기, 식사하기 등 기본적 생활을 수행하는 능력이며, 수단적 일상생활능력(IADL)은 쇼핑, 병원가기 등 복잡한 활동을 수행하는 능력을 의미한다. 결국 이 같은 활동 능력의 저하는 노인의 활동에 제약을 가한다.

노화과정은 심리적 측면에서도 노인에게 제약을 가한다. 산업화의 진행으로 노인들의 사회적 지위의 영향력이 줄어들고, 노인의 기존 생활양식의 중요성도 평가 절하되었다. 그 결과 노인에 대한 공경과 존경이 사라지고, 개인주의적 사고가 확산하면서 노인들은 우울감에 시달리고 방황하게 되는 것이다. 특히 이 노인의 심리적 문제는 노인들이 인간다운 삶을 유지하는데 필요한 재화나 서비스에 대한 소비욕구를 충족하지 못해서 불만족스러운 상태가 계속될 때 심화된다. 현대에 이르러 노인 인구 증가나 가족제도 변혁, 부양의식 감퇴, 핵가족의 확산, 산업구조 변화 등이 복합적으로 얽혀 노인 문제가 현재의 모습으로 나타나게 되었다.

노인들이 노후생활에서 겪는 경제적 어려움의 원인으로는 가족 내 전통적 부양체계의 와해, 급속한 정보사회로의 변동에 따른 이른 정년퇴직과 노인이 보유한 지식의 무용(無用)화, 노인 자신의 노후생활에 대한 심리적·물질적 준비 부족, 노후생활에 대한 정부의 정책 미흡 등을 들 수 있다.

노인은 특히 건강 문제에 많이 노출되는데, 이는 보건 및 의료와 관련한 사회문제와 밀접한 관련이 있다. 노인의 질병은 조기 발견이 어려우며, 만성질환이나 두 가지 이상의 질환을 동시에 앓는 경우가 많다. 이에 진료해야 하는 의료 행위의 범위도 넓어지고, 진료비도 많이 발생한다. 그리고 노인은 신체적 건강뿐만 아니라 정신적인 부분에서도 소외 현상을 겪는다. 예를 들어 빠르게 변화하는 현대사회 흐름에 대한 부적응, 심신 능력 쇠퇴에 따른 사회활동 시 비효율적 존재로서의 정체성 규정, 사회참여 기회 봉쇄, 노인 경시 풍조 만연 등으로 그 상황은 더욱 악화된다.

노인 지위 하락의 사회적 요인으로는 산업기술 발달, 도시화, 의학기술 발달 등을 들 수 있다. 자유주의 확산과 생산 합리성을 위한 도시화로 인해 노동인구는 이른 퇴직에 대한 압박에 시달렸다. 산업기술 발달로 새로운 직업들이 생기면서 기존의 직업을 가진 기성세대의 사회적 위상이 약화되는 현상도 나타났다. 도시화 과정에서 청년들의 도시 이주로 핵가족화가 진행되면서 지식 전달 역할을 하던 노인들이 다른 교육기구들로 대체되었다. 과거 농경사회에서는 자녀 출산이 곧 노동력 확보라는 인식 때문에 출산율이 일정 부분 지속적으로 유지되었다. 하지만 산업화, 정보화 시대를 거치면서 기술직, 서비스직 비율이 증가하고 지식의 흐름이 빨라지면서 농경사회의 경험적 지식을 소유한 노인의 역할이 점차 줄어들기 시작했다.

이제 노인 문제 발생을 공간적 변화 측면에서 고찰해보자. 산업화와 도시화로 인해 사람들의 생활터전이 농촌에서 도시로 옮겨갔다. 이 현상은 단순히 물리적 공간이동만 의미하는 것이 아니라 가족 구성원들의 주요 가치가 위계질서 중심의 관계에서 기능 중심의 수평적 관계로 바뀌게 됨을 의미한다. 따라서 도시 내 노인의 위상은 과거 농촌에서 함께 생활하던 사람들이 인색했던 것보다 낮을 수밖에 없는 것이다.

앞서 살펴보았지만 의학기술의 발달은 사람들로 하여금 노인 문제를 심각한 사회문제로 인식하게 만든 결정적인 요인이기도 하다. 의학기술 발달에 따른 인구 변동으로 노인 인구가 급속도로 늘어나기 시작했다. 과학기술, 의학기술의 발달에 따라 노인 수명이 연장되어 사회적으로 소외되고 배제된 노인들이 많아졌다. 인구 고령화는 노인 인구의 단순한 절대 증가가 아니라 전체 인구에서 노인 인구가 차지하는 비율이 증가하는 현상이다. 이제 평균수명 증가와 출산율 저하로 인류 역사상 유례가 없을 정도로 인구의 고령화 현상이 빠르게 진행되면서 유지되고 있다. 세계적으로 과거 고(高)출산-고사망 구조에서 현재 저(低)출산-저사망 인구 구조로 변동하고 있다.

최근 고령화가 빠른 속도로 진행되면서 사람들은 노년기 삶의 질의 중요성에 더 관심을 두게 되었다. 사람의 평균수명이 연장되면서 개개인의 생애주기에서 노년기가 차지하는 비중도 점점 높아지고 있다. 그런데, 이와 같은 노인의 평균수명 연장으로 청년, 중년 세대에 대한 노인의 의존성이 증가하여 노인학대라는 사회문제가 발생하기도 한다. 노인학대는 육체적, 정신적으로 황폐한 노인을 상대하는 과정에서 폭력적 형태의 행동이 나타나게 됨을 의미하는데, 노인의 신체적 의존성에 경제적 의존성이 더해져 보다 심각한 사회문제를 야기하고 있다. 이제 노인학대는 가족 내에서만이 아니라 사회구조 전반에서 나타나는 사회문제가 된 것이다.

현대사회에서 노인 문제와 관련하여 새롭게 주목해야 할 개념 중 하나가 연령차별주의(ageism)이다. 연령차별주의는 연령을 이유삼아 개인에게서 기회를 박탈하거나 소외시키는 사회적 이념 및 행위를 의미한다. 이 개념을 통해 특정 연령대에 대한 부정적 인식이 해당 연령대의 사람들을 지배, 착취할 수 있다는 이데올로기를 심어주게 된다. 현대사회에서 연령차별주의가 심각한 사회문제를 불러일으킨다는 것은 부인하기 어려운 사실이다. 전통적인 불평등 기제인 계급 체제와 마찬가지로 현대사회에서도 소위 연령계층(age stratification)에 의해 특정 집단의 사회적 역할 수행이 제한될 수 있다. 특히 연령차별주의는 노인들에 대한 평가를 부정적으로 바꾸는데 영향을 주며, 세대 갈등을 야기하기도 한다. 특히 연금 등의 정책을 집행하는 과정에서 청년세대와 노인세대 간 갈등 양상이 사회 곳곳에서 목격된다.

이처럼 연령차별주의는 사회 평등, 조화의 가치를 해치며, 세대 간 의사소통을 방해하고 사회갈등을 유발한다. 또한 특정 연령 집단에 대한 상대적 박탈감, 이질성, 심지어 적대감을 불러일으키기도 한다. 이에 국가에서는 노인 문제의 해결을 위한 다양한 사회정책을 실천하고 있다. 소위 노인복지사업의 일환으로 시행되는 다양한 정책의 예로는 소득보장강화정책, 노인복지시설의 확충, 정년 이후의 재고용 준비 프로그램 및 재고용 정책, 의료서비스의 강화 등을 들 수 있다.

한편 노인 활동에서 나타나는 문제점을 파악하고 해결 방안을 제시하기 위해 적용된 전통적인 사회과학 기반 이론을 범주화하면 '활동이론(activity theory)'과 '분리이론(disengagement theory)'으로 기술할 수 있다. 구체적인 내용을 살펴보면 다음과 같다.

첫째, 활동이론은 노인 활동의 지속성을 통한 삶의 만족도 향상을 주요 내용으로 하는 이론이다. 미국의 교육학자 로버트 해비거스트(Robert J. Havighurst)와 루스 알브레히트(Ruth Albrecht)는 노인이 되어서도 중년기의 경험을 이어가며 활동을 계속 진행하는 것이 노년기 적응에 바람직하다고 주장한다. 즉 계속 활동하며 새로운 사회적 역할에 관심을 가져야 노년기 적응에 도움이 된다는 것이다. 또한 건강상의 이유로 불가피한 경우를 제외하고는 노인들이 중년기와 다름없이 활동에 대한 강한 욕구가 있다고 보았다. 이 이론에 의하면 적극적인 성격을 가진 사람들은 노년기에도 이 특성을 유지하고자 노력하기 때문에 활동을 계속함으로써 생활 만족도를 높일 수 있다. 활동이론에서는 노인들이 사회로부터 벗어나는 현상이 노인 스스로가 원한 것이 아니라 사회에 의해 강요된 것이라고 주장한다. 따라서 활동이론에 근거하면 노인의 능동적 활동으로 이들의 생활 만족도가 높아지기 때문에 특정 생애주기에 관계없이 활동을 꾸준히 유지해주는 정책적, 산업적 지원이 필요하다는 관점이 성립된다.

둘째, 은퇴이론 또는 사회유리(遊離)이론으로도 불리는 분리이론은 일찍이 미국의 사회학자 일레인 커밍(Elaine Cumming)과 심리학자 윌리엄 헨리(William E. Henry)가 정립했다. 이 이론은 노인생활의 특징을 설명하는 과정에서 노인은 사회생활에서 물러나는 것이 노인 자신뿐만 아니라 사회에도 이롭다는 관점을 취한다. 개인적인 측면에서 노인은 사회생활에서 물러나 자신의 지난 생애과정을 회상하며 삶을 정리하고 다가오는 죽음을 준비해야 한다는 입장이다. 또한 갑작스럽게 사망할지도 모르는 노인들을 기존의 중요 사회적 지위에서 더 이상 활동하지 않는 사회적 위치로 이동시킴으로써 사회 전체의 질서와 평형이 유지된다고 보았다. 분리이론에서는 노인 개인의 활동 능력이 저하되고, 삶의 시간이 점차 줄어들어 사회적 책임으로부터 자유로워진다고 주장한다.

이상 살펴본 바와 같이 결국 노인이 되었을 때, 적극적인 사회활동 참여와 은퇴 후의 사회적 유리 중 어느 쪽이 노년기 적응에 더 바람직한지는 노인 개개인의 성향에 따라 다를 것이다. 노년기에도 사회적으로 계속 활동하는 것을 즐기고 만족하는 사람이 있는 반면, 사회적 역할이나 활동에서 벗어나 자신만의 평온한 시간을 즐기는 노후생활을 선호하는 사람도 있다. 무엇보다 활동 참여나 은퇴가 본인 스스로 자발적으로 원한 것이었는가의 여부에 따라 노인의 생활 만족도가 상당부분 결정된다고 볼 수 있다. 이제 노인 문제 해결을 위해서는 이들의 자립을 돕는 여러 가지 사회적 지원과 함께 노후생활을 위한 적절한 교육 프로그램 운영이 체계적으로 이루어져야 할 것이다.

제7장

문화적응 문제 :
다문화가족과 사회통합

제7장 문화적응 문제 : 다문화가족과 사회통합

1. 세계화 시대의 인구이동과 다문화가족의 문화적응

문화 세계화라는 새로운 세계질서가 전개되면서 생활공간의 경계를 의미하는 실체로 규정되었던 국가의 정체성에 변화가 생겼다. 이 생활공간의 변화는 총체적인 사회적·집단적 수준에서 나타난다. 물론 동일한 공간에서 생활하더라도 공간 내 주류문화 역시 계속해서 변용된다. 주류문화로서 삶의 지침이 되었던 문화가 재구성된다는 것은 기존의 생활양식을 향유하던 사회질서에 구조적인 변화가 생겼음을 의미한다.

문화 세계화 현상은 세계 각국의 국민 구성이 다(多)민족, 다인종화되는 경향만 봐도 그 본질을 쉽게 알 수 있다. 문화적 차이에 대한 사회적 합의 정도에 따라 다양한 민족문화가 함께 존재하는 다민족 병존형 문화국가가 성립되기도 하고, 각 문화의 구성원들이 하나의 통일된 문화구조에 같은 방식으로 스며드는 동화형 문화국가가 구성되기도 한다. 한 사회의 질서를 주도하는 문화적 특징은 사회화 과정을 통해 사람들에게 자연스럽게 체화된다.

최근 국내에서는 다문화주의에 대한 관심이 높아지고 있다. 원래 단일민족, 단일인종으로 인구 구성의 특징이 유지되어왔던 한국사회에서 문화 세계화를 통해 유입되는 새로운 변화들은 기존 사회구성원들이 자국의 특징에 대해서 성찰할 수 있는 기회를 제공하기에 충분하다.

다문화주의는 매우 다양한 개인적, 사회적 가치를 반영하기 때문에 이를 한마디로 정의하기는 어렵다. 일반적으로 다문화주의는 한 사회 내 다양한 인종이나 민족문화를 단일문화에 동화시키지 않고, 서로를 인정하며 공존하도록 하는 목적의 이념체계 및 관련 정부 정책, 프로그램을 총칭한다. 그리고 다문화정책은 주류 사회집단과 소수자 집단의 차이를 없애는 제도적 보장으로 다양한 분야의 소수자들의 권리를 구현하기 위한 사회적 노력의 일환으로 시작되었다.

최근 지구촌 국가들 중 오랜 세월동안 유사한 단일문화를 유지해왔던 국가들이 구조적 변화를 겪고 있다. 그리고 그 변화에 따라 그동안 보이지 않던 다양한 사회문제들이 나타나기 시작하고 있다. 예를 들어 다문화가족이 겪는 소외와 차별, 불평등 문제가 사회적 갈등으로 확장될 여지가 엿보인다. 다문화가족을 이루는 이주가족은 생소한 문화권으로의 이동이라는 물리적 생활공간의 변화와 함께 다른 생활공간에서 이루어지는 가족 형성이라는 내재적 삶의 새로운 질서를 새롭게 경험하게 된다. 그 과정에서 대부분의 이주자는 총체적인 문화적 갈등을 겪게 된다. 또한 국민으로서의 사회통합적 질서 편입에 있어 여러 가지 제약을 받기도 한다. 결국 이주자들은 변화된 문화에 빠르게 적응하기 위해서 여러 가지 노력을 기울이게 된다.

이와 관련하여 지역 간 초기 이주자들의 문화적응 과정에 대해 캐나다의 심리학자 존 베리(John W. Berry)는 '문화변용(acculturation)' 개념을 사용하여 연구했다. 그는 새로운 이주자들의 문화적응을 세 단계로 구분했다. 제1단계는 접촉 단계(contact period)로 이주자들이 서로 다른 문화와 만나는 초기 단계이다. 제2단계는 갈등 단계(conflict period)로 이주자들을 수용한 기존 주류사회가 이주자들에게 변화의 압력을 가하는 단계이다. 마지막 제3단계는 해결 단계(resolution period)로 이주자들이 네 가지 문화적응 유형, 즉 통합(integration), 동화(assimilation), 분리(separation), 주변화(marginalization) 중 하나를 선택하여 새로운 문화집단과 과거 자신이 소속된 문화집단 간 괴리를 극복한다.

다문화사회의 본격적인 도래가 가능해진 것은 세계적으로 다양한 문화를 가진 사람들의 물리적 사회이동이 용이해졌기 때문이다. 흔히 지역 간 이동을 이르는 인구이동은 모든 공간적 유동현상을 포함하며, 둘 이상의 지역 사이를 이주하는 전출 및 전입 현상을 가리킨다. 한편 협의의 개념으로 사회이동을 정의하면, 사회구성원들이 일정한 조직적 또는 자의적인 '목적'을 갖고 '거리'상 가깝거나 멀리, '시간'상 단기간 또는 장기간 자신의 거주 장소를 옮겨가는 것을 의미한다. 이 인구이동 현상의 본질을 이동 주체를 중심으로 해석하기 위해서는 꽤 복잡한 논의가 필요하다. 일찍이 미국의 사회학자 랄프 톰린슨(Ralph Thomlinson)은 다문화가족을 이루는 주체인 이주자(migrants)에 대해서 상당 기간 자신의 정규적 거주지를 다른 행정구역으로 옮긴 사람들로 정의하면서 이동자(mover)와는 구별된다고 보았다. 즉 이동자는 거주하는 장소를 단순하게 옮긴 사람들 모두를 포함하지만, 이주자는 행정구역을 기준으로 자신의 거주지를 새롭게 옮긴 사람들만 포함된다는 것이다.

한편 이 같은 인구이동을 유발하는 요인에는 여러 가지가 있다. 인구밀도나 인구증가율이 변수인 '인구학적 요인', 실업률과 고용증가량, 임금수준 등의 '경제학적 요인', 사회적 지위, 과거 이동경험 등의 '사회학적 요인', 평균기온, 강수량 등의 '환경적 요인' 등이 있다. 실제로 지역, 국가 간 발생하는 인구이동의 유발요인을 밝히는 과정은 사람들이 추구하는 삶의 근본적 욕구를 알 수 있다는 점에서 중요하다. 새로운 지역으로 이동한 사회구성원들은 색다른 문화적 삶을 누리기 위해서 자신의 경계(boundary)를 넘어섰다고 할 수 있다. 이 경계 간 이동은 단순한 지리학적 경계 사이의 이동만을 의미하지는 않는다. 이동한 곳에서 각종 유무형의 자원과 기회 획득의 차이가 객관적 형태로 존재하여 이 차이를 이주자가 경험하게 되는 문화적 특징까지 아우르는 사회적 경계의 이동을 의미한다.

다문화가족은 이주 후 새로운 집단 속에서 사회적 정체성을 획득하기 위해 끊임없이 노력한다. 일단 새로운 집단 속으로 이동한 사람들은 그 집단의 맥락에서 여러 가지 공유된 문화를 체득하기 위해 계속해서 상호작용을 꾀한다. 그러나 이전 생활공간의 문화코드가 이미 체화된 상태에서 자신의 생활양식을 단시간에 새로운 집합표상, 집단스타일로 변화시키는 것은 결코 쉬운 일이 아니다. 기존의 학습된 문화 역시 오랜 시간 함께 생활한 사회집단 구성원들과의 상징 교환으로 구축된 상호작용적 성격을 지니고 있기 때문이다. 따라서 생활공간에서의 구성원 간 갈등을 줄이기 위해서는 다문화가족의 문화적응을 돕는 사회시스템으로서의 사회화 과정이 요구된다. 또한 동일한 문화적 의사소통 기호를 사용하는 사람들 사이에 새로운 사람들이 유입되면서 혼란을 겪게 되는 기존 사회구성원들을 대상으로 한 다문화교육 역시 필요하다.

이질적 환경 내 다문화가족의 문화적응을 가능하게 하는 것은 결국 교육이다. 사회화로 명명되는 교육체계의 효과적인 실행 여부는 한 사회가 다문화가족을 품고 함께 하나의 공동체를 이룰 수 있을지를 결정짓는 주요 변인 중 하나이다. 인구이동은 본질적으로 이주민의 삶의 필요에 의해 이루어지며, 인간의 생존 욕구와 밀접한 관련이 있다. 자칫 인구이동의 원인과 결과나 단순이동경로에 대한 현상적 분석만을 고집하여, 실제로 중요한 인구이동의 당사자인 사람들의 삶의 욕구와 변화된 생활양식의 의미를 간과해서는 안 된다. 따라서 다문화가족의 삶과 문화에 대한 교육체계는 지속적인 사회적 관심이 필요한 부분이라고 할 수 있다.

2. 문화전파과정에 대한 이론적 관점과 사회적 배제의 문제

앞서 살펴본 문화 세계화 과정에서는 사회구성원 간 활발한 인적 교류와 함께 여러 가지 불평등 기제도 교환된다. 또한 문화 세계화 현상은 서로 다른 문화에 대한 파편화와 융합 원리를 동시에 수반하면서 진행된다. 기존 사회 정체성을 지속하려는 질서와 순응의 원리, 이를 희석하는 변화의 원리, 새로운 문화적응 과정에서의 충돌과 갈등의 원리 등이 자연스럽게 함께 발생한다. 대부분 이 같은 상호작용 과정에서 기존 사회에 침투한 사회구성원들은 다양한 사회적 포섭과 배제의 질서를 경험한다. 특히 조직 내부로 새롭게 유입된 외부 집단의 문화 수준이 기존 주류문화와 비교하여 단순한 하위문화로 간주될 정도의 적은 수(數)이거나 적용 범위가 좁은 지역으로 한정된다면 주류문화에 의한 차별 기제는 더 강하게 작동한다.

한편 일찍이 문화전파과정과 관련하여 다양한 이론적 관점들이 존재했다. 이 중 대조되는 두 가지 대표적 이론은 문화진화론과 문화상대주의적 관점이다.

첫째, 문화진화론은 대항해시대 이전 유럽의 세계관에 기초한다. 대항해시대는 통상적으로 15세기에서 17세기까지 지금의 서유럽 국가 사람들이 새로운 바닷길을 통해 새로운 땅을 찾아 나섰던 시대이다. 문화진화론은 문화가 단순한 상태에서 복잡한 상태로 진화하며, 모든 사회가 야만적이고 덜 발달된 상태에서 문명화되어 더 발달된 상태로 진보한다고 주장한다. 문화진화론은 선진국의 후진국 침입과 관련하여 내세우는 제국주의 논리를 정당화하는 이론으로 적용되거나 적자생존의 질서와 관련하여 다양한 차별 논리의 근거로 인용되기도 했다. 문화진화론에서는 모든 사회가 똑같은 역사 단계를 거쳐 단선적 과정을 밟는다고 단정함으로써 자칫 선진국 중심의 자민족 중심주의로 왜곡되어 인식될 수도 있다.

둘째, 문화상대주의는 이문화(異文化) 세계를 현지 조사할 때 조사자들이 해당 문화를 바라보는 기본 태도로 작용한다. 기본적으로 문화상대주의는 문화진화론에 대한 부정적인 관점에서 정립된 개념으로 역사개별주의로도 불린다. 문화상대주의적 관점은 모든 문화가 환경에 따라 서로 다른 고유한 역사를 형성하며 변화하므로 진화과정에 따른 문화 발전 정도를 나타낸 도식만으로는 두 문화를 비교할 수도, 우열(優劣)을 가릴 수도 없다고 주장한다. 또한 문화 자체가 지닌 '복수성(複數性)과 대등성(對等性)'의 원리를 인정한다. 하지만 문화상대주의 이론은 자칫 윤리적으로 용납하기 어려운 가치나 행위까지도 지역 고유의 문화로서 존중받아야 한다는 논리적 모순이 발생하기도 한다. 또한 문명화 과정 속 문화 발전 속도에 따라 보다 나은 미래관을 제시해야 하는 상황에서 생산적 대안을 전혀 제시하지 못할 수도 있다는 문제가 있다.

다문화주의는 바로 이 문화상대주의적 관점에서 설명이 가능하다. 20세기 후반 이후 자본과 노동 범위의 초국가화 현상이 뚜렷해지면서 다문화사회에 관심을 갖기 시작했다. 기존의 국민국가 체계가 변화하면서 한 사회의 가족, 인종, 젠더(gender) 등에 관한 일원적 관념이 흔들

렸다. 이주민의 물리적 공간이동에서 야기된 문화적 혼종성(cultural hybridity) 때문에 사회화 과정을 이끄는 교육체계 역시 다양한 프로그램으로 구성되었다. 이와 동시에 단일 시공간에서의 다양한 문화충돌로 인해 사회갈등 및 사회적 편견 문제가 발생했다.

이렇게 새로운 문화구조에 유입된 사람들은 사회적 배제를 당하는 경우도 많다. 특히 구직을 위해 다른 문화권 내 노동시장으로 삶의 터전을 옮기거나 혼인으로 타문화지역으로 이주하는 경우, 사회적 배제를 당하는 계층으로 생활할 수도 있다. 일반적으로 생산과 소비 과정에서 배제되는 경제적 배제나 특정 사회구성원을 위한 주요 정치적 목표가 정책화되지 못하는 정치적 배제와는 달리 사회적 배제는 보이지 않는 구조에 의해 일상생활 곳곳에서 보다 구체적인 방식으로 나타난다. 거주지를 둘러싼 집단 내 폐쇄성 문제, 숙련된 경험과 기술의 학습 부족으로 인한 노동시장 진입 장벽 문제 등 생활권 전반에 걸쳐 사회적 배제의 문제가 나타난다. 공적 영역에서의 다양한 교육 및 복지정책 등이 필요한 이유는 바로 사회구조 내 문화적 다양성에서 비롯된 사회적 배제 현상을 극복하기 위함이다.

3. 다문화사회에서의 문제점과 다문화정책의 방향성

세계화의 영향으로 빠르게 진행된 다문화사회로의 전환은 문화적 상호작용을 통해 사회에 구조적 변화를 일으켰다. 문화와 제도가 오랜 기간 영향을 주고받으며 천천히 변화하는 경우도 있지만, 사회에서 급속한 변동이 발생하게 되면 많은 국가는 여러 가지 사회적 갈등 상황을 맞이할 수밖에 없게 된다. 빠른 속도로 진행되고 있는 다문화 사회로의 전환으로 인해 다문화가족이 마주하게 되는 사회문제는 다음과 같다.

첫째, 주류문화를 구성하는 사람들부터 편견과 차별을 받을 수 있다. 특히 단일인종, 단일민족으로서의 국민의 특성을 중요하게 여기는 국가일수록 외부에서 이주해온 사람들에 대한 편견과 차별은 강하게 나타나게 된다. 이 편견과 차별은 다문화가족 구성원이 원래 출생하여 생활하던 국가가 이주한 국가에 비해 사회경제적으로 약소국일수록 더욱 심하게 작용하는 경향이 있다. 언어소통 문제, 문화적 차이에서 비롯된 사회적 고립 문제로 인해 편견과 차별이 계속되며, 심지어 이들의 자녀들도 그러한 영향을 받게 된다.

둘째, 가족 간 폭력은 이미 심각한 수준의 사회문제가 되었다. 예를 들어서 약소국에서 이주해온 결혼이주민들이 가정폭력을 감수할 수밖에 없는 이유는 체류자격, 경제적 여건 등으로 인해 이주한 국가에서 배우자에게 전적으로 의존하는 경우가 많기 때문이다. 결국 신분상의 불안정성이 가정 내 폭력행위가 지속되는 요인으로 작용하게 된다.

셋째, 취약한 자녀 양육 환경을 들 수 있다. 다문화가족에서 출생한 자녀들은 그들의 가정 내 언어, 문화 등이 기존 주류 사회구성원과 다를 수밖에 없기 때문에 학업 과정에서 주류문화에 편입되지 못하는 불리한 환경에 놓일 수 있다. 또한 어린 시절에 이주한 다문화 자녀들은 기존에 자신이 경험한 것과는 이질적인 문화를 겪게 되면서 심리적으로 자신감이 결여되거나 위축되어 학교 교육에 적응하지 못하는 모습을 보이기도 한다.

넷째, 노동 현장에서의 여러 가지 인권침해 현상을 들 수 있다. 다문화가족 중 노동을 위해 이주한 사람의 경우, 이주한 국가에서의 노동권리에 대해서 충분히 학습하지 못한 상태에서 법과 제도의 보호를 받지 못하는 경우도 많다.

지금까지 살펴본 다문화사회와 관련한 여러 가지 문제점을 완화, 극복하기 위해서 필요한 것이 다문화정책이다. 다문화정책은 새롭게 구성된 다문화가족이 한 사회의 주류문화에 자연스럽게 편입하도록 돕기 위해 만들어진다. 결국 다문화주의의 확산에서 비롯된 사회문제를 극복하려면 각 국가에 진입한 소수민족의 문화를 존중하면서 이들의 적응력을 강화해 줄 수 있는 정책을 구현해야 한다. 문화적응은 다른 문화와의 지속적인 접촉을 통해 사회구성원 각자의 성향과 사회 전체의 문화적 공감대가 안정적으로 변화했을 때 진행된다. 이제 다문화정책은 구조적 불평등과 차별을 없애는 정책적 지향점을 더 분명하게 내보일 필요가 있다.

그런데, 다문화정책 구현 과정에서 몇 가지 유의해야 할 점이 있다. 다문화주의에 입각하여 문화적 다양성을 어느 정도까지 수용, 허용할 것인지에 대한 사회적 합의가 필요하다. 또한 해당 소수민족에 대한 과도한 사회적 지원 때문에 발생할 수 있는 다른 사회구성원의 상대적 박탈감과 역차별 문제를 경계해야 한다. 즉 기존 국민들의 심리적 동요(動搖)나 소수민족의 정체성 혼란이 야기되지 않도록 양쪽의 사회적 권리를 모두 보호하는 방향으로 다문화정책을 실행해야 한다.

한편 일반적인 다문화가족 지원과 관련한 통상적 정책 운용 과정은 거시적이면서 직접적인 경제적 지원책에 국한되기 쉽다. 이제 경제지원책 못지 않게 중점을 두어야 할 부분은 일상의 시공간에서의 소외 기제 해소, 생활환경 개선 등 미시적 생활세계와 관련한 정책 부문이다. 다문화가족이 이주 이전 체화된 생활문화와 다른 새로운 문화구조에 최대한 빨리 적응할 수 있도록 주류문화와 융합할 수 있는 기회를 제공해주는 사회통합정책의 운용이 중요하다. 이를 위해 언어와 같은 사회구성원 간 의사소통능력을 배양하는 한편, 일상생활에 기반을 둔 구체적이고 세분화된 정책을 실행할 필요가 있다.

이와 관련하여 최근 급변하는 사회질서 속에서 다문화가족의 생활을 지원하는 문화복지에 대해 사회적 관심이 높아지고 있다. 문화복지는 생계가 어려운 빈곤층의 경제적 원조라는 기존 사회복지의 기본이념을 넘어 모든 국민의 문화생활 욕구에 부응하고자 문화환경을 개선·정비하고 문화서비스를 제공하는 새로운 복지 개념이다. 문화복지는 사회구성원들의 삶의 질에 기반을 둔 시민권 개념과 밀접한 관련이 있다. 현재 포스트모던 시대로의 진입으로 거대한 사회변화가 진행되고 있는 시점에서 시민권 개념에 대한 확장된 의미 고찰이 필요하다. 과거 국민국가 중심의 정치적, 경제적 시민권 개념을 넘어 문화복지가 추구하는 다문화가족의 문화적 권리에 관심을 가질 필요가 있다.

이제 국가는 이와 관련한 구체적인 정책을 집행하고, 이 과정에서 자본의 축적과 분배의 적절한 균형점을 제시해야 한다. 다문화사회에서의 문화적응을 위한 사회통합정책은 세계화 체계로 편입된 자본주의의 성장 때문에 그동안 간과했던 사회구성원들의 연대성을 보장한다는 점에서 중요한 사회적 의미가 있다. 이제 다문화정책을 통해 보편적 사회정의를 실현할 준비를 해야 한다. 최근 다문화교육을 통해 다른 문화를 존중하기 시작한 시민들의 인식구조는 이를 가능하게 해줄 것이다.

제8장

지구촌 환경 문제 : 기후변화와 먹거리 위기

제8장 지구촌 환경 문제 : 기후변화와 먹거리 위기

1. 환경문제의 개념과 기후변화 위험

일반적으로 정의되는 환경(environment)의 개념은 '유기체의 삶에 영향을 미치는 외부 조건과 힘 또는 모든 종류의 개체군의 생존을 지탱해주는 물리적, 생물적 하부구조'를 의미한다. 그런데, 현재 인간의 생존을 위한 이 물리적, 생물적 하부구조가 지구적 수준의 위험에 봉착해있다. 환경문제는 현 시대를 규정하는 주요 핵심어 중 하나인 위험사회(risk society) 개념을 드러내는 주요 사회현상이라 할 수 있다. 위험사회에서는 기존 사회구조에서는 위험이라고 인식되지 않던 상황이 현재 본격적으로 인간에게 영향을 주는 위험 유발요인으로 작용하게 되고, 위험의 시공간 범위가 확장되는 특징을 지닌다.

서구 중심의 고도 산업화 과정은 인류에게 무한한 물질적 풍요를 안겨주었지만, 다른 한편에선 탄소배출로 인한 지구온난화, 미세먼지 문제, 해수면 상승, 대규모 홍수, 태풍 피해, 사막화, 유해 바이러스 및 질병 확산, 자원 및 에너지 고갈 등의 환경문제가 동시다발적으로 일어나고 있다. 환경문제의 세계적 확산 현상이 진행되기 전까지는 해외에서 발생하는 질병, 먹거리 문제 등이 현 위치에서의 우리 삶에 큰 영향을 미치는 위험요인으로 여겨지지 않았지만, 이제는 특정 지역 공간에만 한정되지 않고 전 세계로 그 위험의 영향력이 확장되고 있다. 환경문제는 더 이상 소수의 특정인, 특정 계층, 특정 지역 및 국가에만 해당하는 문제가 아니며, 경계를 초월한 지구적 문제이다.

환경문제는 환경 자체의 자정능력에 한계가 왔을 때 발생한다. 이는 환경수용력(carrying capacity)으로 명명된 환경용량이 초과했음을 의미한다. 환경수용력은 '인간이 현재의 기술을 이용하여 소비를 위한 자원을 자연으로부터 계속 공급받을 수 있고, 자연에서 추출된 자원을 통해 재화와 용역을 생산, 소비하는 과정에서 배출되는 각종 폐기물을 자연이 계속 흡수, 처리할 수 있는 특정 개체군의 크기'로 정의할 수 있다. 결국 환경수용력의 한계란 자연환경이 생태적 지속가능성(ecological sustainability)을 유지하면서 배출된 폐기물을 흡수, 처리하는 자정능력이 한계 지점에 이르렀음을 의미한다.

현재 환경문제는 다양한 형태로 인류에게 영향을 미치고 있다. 최근 무엇보다 심각한 환경문제는 지구적 협력을 필요로 하는 '기후변화'이다. 기후변화는 인위적인 탄소배출 등으로 지구의 기후시스템이 교란되거나 지구의 평균기온 상승 등의 극단적 기상이변이 속출하는 현상을 일컫는다.

기후변화를 야기하는 직접적인 원인으로 거론되는 온실가스의 대부분은 석유, 석탄, 천연가스 등의 화석연료 사용에 따른 탄소배출 때문이다. 결국 기후변화 문제는 에너지 소비 문제로 귀결된다. 경제활동 수행과 일상생활 유지를 위해 필요한 에너지를 화석연료에만 계속 의존하다보면 탄소배출량이 급속도로 증가하여 더 많은 기후변화를 유발하게 된다. 현재 기후변화로 대변되는 인류의 환경 재앙이 계속 진행 중이다. 위기의식을 느낀 지구촌 인류는 기후변화로 인한 환경 문제를 해결하기 위해 많은 노력을 쏟고 있다.

이러한 노력의 일환으로 세계적으로 시행 중인 탄소세 제도, 배출권 거래제도 등에 주목할 필요가 있다. 탄소세 제도는 온실가스를 배출하는 화석에너지 사용량에 따라 세금을 부과하여 화석연료 이용을 억제하고 온실가스 배출 저감을 위한 기술혁신을 유도하는 제도적 전략이다. 배출권 거래제도는 각국 또는 기업에 할당된 온실가스 배출량 한도를 넘은 국가 또는 기업이 한도가 남은 국가나 기업으로부터 배출권을 매입해 한도를 맞출 수 있도록 한 제도이다. 이 제도에서는 온실가스의 의무 감축량을 초과 달성한 국가가 그 초과분에 대해서 의무 감축량을 채우지 못한 국가에 팔 수도 있다. 배출권 거래제도는 효과적으로 시행될 경우, 온실가스 감축을 위해 목표로 삼은 탄소배출 총량을 일정 수준으로 유지할 수 있게 된다는 장점이 있다. 한편 기업들의 '기업의 사회적 책임(CSR)'이나 '기업의 환경 · 사회 · 지배구조(ESG)'를 고려한 경영원칙 역시 미래 기후변화의 위험에 대처하고 있는 사례라고 할 수 있다.

이미 세계적 수준에서 지구촌 국가들은 연합하여 기후변화 억제를 위한 다양한 노력을 기울이고 있다. 과거 온실가스 문제로 인한 환경 오염을 해결하기 위해서 1997년 12월 일본 교토에서 열린 '세계생태학 정상회의'에서는 2012년까지 온실가스 배출 감소를 위한 협정을 체결했고, 그 이후에도 세계 각국은 환경문제를 개선하기 위해 꾸준히 노력했다. 더 나아가 국제사회는 파리기후협정 채택 등을 통해 탄소중립에 대해 논의하기도 했다. 탄소중립(carbon neutral)이란 개인, 기업 등이 배출한 이산화탄소를 다시 흡수하여 실질적인 탄소배출량을 '0(zero)'으로 만드는 과정을 의미한다. 한편 파리기후협정은 2015년 12월 파리에서 개최된 제21차 유엔기후변화협약(UNFCCC) 당사국총회의에서 195개 당사국이 채택한 협정이다. 이 협정은 앞서 1997년 일본 교토에서 지구온난화 방지를 위해 채택된 국제협약인 교토의정서(Kyoto Protocol)를 대체하여 2020년 이후부터 적용하는 새로운 기후협약이다. 지구 평균온도가 산업화 이전 대비 2℃ 이상 상승하지 않도록 온실가스 배출량을 단계적으로 감축하겠다는 구체적인 내용을 담고 있다.

하지만 세계 각국은 국가에 따라 제시되는 온실가스 감축량의 책임에 대한 배분을 놓고 그 형평성 문제를 제기하고 있다. 예를 들어 지금까지 산업화 과정에서의 탄소배출로 지구촌 환경문제에 많은 악영향을 끼친 서구 선진국과 이제부터 본격적인 산업화를 통해 국가 발전을 꾀하려는 개발도상국이 서로 다른 입장을 보이고 있다. 또한 산업 중에서도 중화학공업, 철강, 자동차, 조선 등의 에너지 다소비 산업이 중심이 된 산업구조를 갖춘 국가와 그렇지 않은 국가 사이에서도 온실가스 감축 정도를 둘러싸고 갈등을 빚고 있다.

2. 환경문제와 먹거리의 위기

기후변화로 인한 환경문제는 인간의 생존에 직접적인 영향을 미치는 먹거리 위기를 가져왔다. 농업 작물 재배 과정에 변수가 너무 많아져 안정적인 식량 생산이 어려워지고 농업에 필요한 경지 면적이 줄어들고 있다. 결국 환경문제로 인해 인간 생존에 직접적인 영향을 미치는 먹거리 생산의 위기가 찾아온 것이다. 더군다나 신자유주의에 기반한 세계화에서 비롯된 농산물 자유무역과 농업구조 조정은 중소 농업종사자들의 몰락을 가져와 식량 생산을 제약하는 구조적인 요인으로 작용한다.

더군다나 중소 농업종사자들은 시시각각 변하는 기후변화 문제와 위험 요소에 대처하기가 더 어려워지고 있다. 지구촌 각 국가는 세계 식량 생산 위기에 대비하여 위기관리를 위한 정책을 준비해야 하며, 국가마다 자생적으로 해결할 수 있도록 생산, 공급 기반 시설을 갖추는 것이 무엇보다 중요해졌다.

기후변화 문제로 인해 이미 지구적 수준에서 농산물 가격 폭등의 위험도 도사리고 있다. 세계 각국이 더 불안해하는 것은 이 같은 식량 위기의 문제가 일시적인 현상이 아니라는 사실 때문일 것이다. 식량 위기는 기후변화로 인해 생산체계에서의 위험 정도가 높아진 구조적인 사회문제이기 때문이다. 먹거리 문제로 여전히 개발도상국 내 빈곤층이나 후진국 내 많은 소외계층이 고통받고 있다. 세계적으로 먹거리의 양극화와 이로 인한 건강 불평등 현상까지 나타나고 있다.

기후변화로 안정적인 식량 공급이 어려워지면서 먹거리와 관련한 세계적 수준의 쟁점으로 식량안보(food security)와 식량주권(food sovereignty)의 개념에 관심이 쏠리고 있다. 식량안보는 식량 자급을 중요하게 여기는 반면, 식량주권은 국내에서의 식량 자급도 중요하지만, 무역을 통한 안정적인 식량 확보의 효율성에 가치를 더 집중시킨다. 최근 식량 수출국의 기후변화로 인한 생산량 감소 및 이에 따른 수출통제 조치, 곡물 투기, 세계 곳곳의 전쟁, 폭동 등으로 이 두 가지 개념은 세계 각 국가에서 모두 주목받는 식량문제 관련 정책 패러다임이 되었다.

환경문제에 기인한 중요한 사회문제로 논의되는 지구촌 먹거리 문제의 해결 방향은 크게 세 가지로 나누어지며, 이를 정리하면 다음과 같다.

첫째, 양적 확보 측면에서의 해결 방안은 식량 자급률을 높여 국내 생산 및 공급 기반을 강화하는 것이다. 이를 위해 각 국가는 기후변화로 인한 식량 생산량 감소에 대비하여 관련 정책을 실행해야 한다.

둘째, 질적 안전을 추구해야 한다. 유전자조작농산물(GMO) 종자, 대규모 화학농업, 장거리·장시간 운송을 위한 화학처리 등은 먹거리 안전을 위협하는 요인이다. 이 같은 위협요인을 제거하려면 국내의 안전한 먹거리 생산과 공급을 확대해야 한다. 지역 먹거리 체계와의 결합을 통한 사회적 연대 역시 중요하다. 소위 말하는 푸드 마일리지(food mileage)는 짧을수록 유해한 먹거리가 소비자에게 유입될 확률이 낮아진다. 이 때문에 생산자와 소비자 간 공생적 관계 형성이 무엇보다 중요해지고 있다.

셋째, 먹거리의 가격 폭등 및 폭락을 막기 위한 제도적 장치가 필요하다. 각 국가에서는 매해 기후변화로 인한 먹거리의 피해와 손실을 고려한 가격 안정 정책을 실행해야 한다. 최근에는 먹거리 문제 해결의 주체를 개인이나 가계에 떠넘길 것이 아니라 국가가 책임져야 한다는 사회적 인식이 강화되고 있다. 먹거리는 국민의 삶의 질 유지와 향상에 필요한 기초적 요소이므로 이러한 국민의 기본적인 권리를 보호하는 것은 국가의 기본 책무라 할 수 있다.

3. 환경운동과 시민사회의 영향력

환경문제는 국가적 수준을 넘어선 세계적 수준의 사회문제임에도 불구하고 관련 정책 운용에서 그 중요성이 다른 정책에 비하여 평가 절하되기도 한다. 왜냐하면 환경정책은 그 효과가 장기간 소요되는 특징을 지니고 있기 때문에 단시간에 가시적인 성과를 내기가 어려워 위정자들에게 외면당하기 쉬운 것이다.

이와 관련하여 사람들이 환경문제에 대해서 가지는 잘못된 관점을 정리하면 크게 세 가지로 나눌 수 있다. 첫째, 환경문제 자체를 부정하고, 실제로는 환경문제가 없다며 무시하는 관점이다. 둘째, 환경문제를 부정할 수 없는 상황에서 그 자체를 평가 절하하는 관점이다. 즉 환경문제를 다른 심각한 사회적 위험을 해결하고 처리해도 되는 잔여(殘餘) 위험 정도로 인식하는 것이다. 셋째, 환경문제 대책을 시공간적으로 미루는 방식이다. 비유적으로 표현하면 어떤 공장에서 매연이 나오면 그것을 없애기 위한 대책을 세우는 것이 아니라 굴뚝을 더 높게 만들어 매연이 밖에서 보이지 않도록 하는 식으로 근본적인 해결책을 마련하지 않는 것이다.

이 같은 국가 환경정책의 왜곡된 운용을 개선하기 위한 시민사회 움직임이 환경운동으로 이어졌다. 환경운동은 여타 신(新)사회운동들과 마찬가지로 1960년대 이후부터 본격적으로 활성화되기 시작했다고 볼 수 있다. 환경운동은 환경보존이라는 목표를 달성하기 위해 사람들이 모여 지속적으로 집합적 행동을 조직하면서 발생한다. 환경운동은 환경과 관련한 다양한 쟁점을 둘러싸고 생태적인 이해관계를 공유하는 이들이 해당 이해관계를 실현하기 위해 비제도적인 방식을 통해 실천하는 일련의 집합적인 행동이다.

이제 환경운동은 다가올 미래사회 사회구성원들을 위한 보편적 가치를 실현하기 위해 다양한 역할과 과제를 수행해야 한다. 자칫 특정 지역주민들만 참여하는 운동과 같이 환경운동 범위가 쟁점 지역에 국한될 경우, 지역이기주의 문제와 연관되어 사회적 공감대를 얻기가 힘들어진다.

생태학적 패러다임에 근거한 환경보전을 실천하기 위해서는 사회운동 조직의 전문성과 역할 분화가 요구된다. 이는 국가의 환경정책과 기업의 경영전략과 관련된 현안에 능동적으로 대처하기 위해서이다. 환경전문가 집단과의 유기적인 연대 강화와 같은 대외적 지지층 확보 역시 일련의 세부적인 구체적 대응책이라고 할 수 있다.

자연환경의 생태학적 가치의 대중성 확보는 환경운동을 통해 시민사회가 자신들의 목표를 달성하기 위한 중요한 조건이다. 환경오염에 대한 시민들의 관심을 환기하는 실천행동들은 환경운동의 지속성 유지 여부를 결정한다는 측면에서 중요하다. 시민사회 영역으로서 환경운동이 새로운 가치를 성공적으로 구현하려면 환경오염 원인을 정확하게 파악하고, 환경오염 피해를 주도한 가해(加害)집단에 대해서 비판의식을 가져야 하며, 생태적 이익에 대한 시민 모두의 관심을 유도함으로써 사회구성원들의 폭넓은 지지를 확보해야 한다.

4. 환경문제의 추가 쟁점들

현대사회에는 환경문제를 둘러싼 다양한 쟁점들이 다방면에 걸쳐 존재한다. 이제는 근본적인 환경문제 해결을 위해 사회구성원 각자의 삶의 방식을 전환하는 의식적 노력이 필요하다. 환경문제에 대한 시민교육이 필요한 이유는 결국 그 문제 해결의 주체가 사회구성원 각자이기 때문이다. 따라서 현대사회에서는 환경과 관련한 다양한 추가적인 문제들을 계속 관찰하고, 시민 모두가 비판적 관점에서 환경문제의 본질을 함께 논의할 수 있어야 한다. 최근 주목받고 있는 환경문제 관련 추가적인 쟁점들을 살펴보면 다음과 같다.

첫째, 사회 속 불평등의 심화 과정에 환경문제가 작용하고 있다. 예를 들어 사회경제적 지위가 높은 사람은 자신이 생활하는 주변 지역에서 발생하는 환경문제를 회피, 완화할 수 있는 능력을 지니고 있다. 개인 수준에서 보면, 그들은 거주지 근처에 사회혐오시설이 들어왔을 때 거주지 자체를 옮겨서 더 좋은 환경의 장소로 이주할 수 있다. 그리고 사회혐오시설이 들어온 지역은 낮아진 거주 비용으로 인해 하위계층의 사람들이 다시 이동하게 된다. 결국 이런 과정을 거치다 보면 대부분의 사회혐오시설은 저소득층, 사회 하위계층이 거주하는 지역에 위치하는 경우가 자주 생길 수 있다. 한편 국가 수준에서 보면, 선진국이 경제개발 및 기술지원을 명분으로 저개발국가에 생산기지를 설치하고, 상품 생산과정에서 발생하는 환경부담을 해당 국가에게 떠넘길 수 있다. 이 같은 사실에서 알 수 있듯이 자칫 환경문제는 또 다른 사회 불평등을 불러일으키게 되는 것이다.

둘째, 에너지 빈곤 개념이 사회적으로 새롭게 논의되고 있다. 에너지 빈곤은 경제적인 이유때문에 생활에 필수적인 수준의 에너지 서비스를 이용하기 어려운 상태를 의미한다. 에너지 빈곤이 발생하는 이유는 실직, 건강 등의 문제로 특정 계층의 사람들은 에너지 구입에 필요한 비용을 지불하기가 어렵기 때문이다. 그리고 에너지 가격 자체가 지나치게 상승하는 경우에도 에너지 빈곤 상태는 악화될 수 있다. 일부 지역에서는 저렴한 에너지가 공급되지 않아 상대적으로 비싼 에너지를 사용할 수밖에 없는 바람에 에너지 빈곤 상태를 겪기도 한다. 적절한 수준의 에너지 소비를 감당할 수 있는 능력이 되지 않는 가구를 가리켜 에너지 빈곤층이라고 명명하는 것도 이 같은 맥락에서 이해할 수 있다.

앞서 언급했듯이 환경오염 상황을 감당하는 과정에서도 사회 불평등이 나타나지만, 에너지를 사용하는 과정에서도 불평등 현상이 계속된다는 것을 알 수 있다. 따라서 급속도로 변화하는 환경문제와 관련하여 더 체계적으로 사회적 약자를 보호하려면 에너지 빈곤과 관련한 국가정책이 안정적으로 함께 구축되어야 할 것이다.

셋째, 거시적 측면에서 에너지 안보 문제에 관심을 가져야 한다. 이는 과거 역사를 통해 그 중요성이 이미 증명되었다. 1960년대에 이르러 국제석유자본에 대항하여 사우디아라비아 등 중동지역 국가를 중심으로 석유수출기구(OPEC)가 결성되면서 이른바 '자원 민족주의'가 등장했다. 이런 상황에서 1973년 이스라엘과 이집트의 중동전쟁에서 중동의 산유국들은 이스라엘과 이스라엘을 후원하는 미국에 맞서고자 석유 통상금지 조치를 취하고, 이에 원유 가격을 급격히 인상하여 1차 석유파동이 발생했다. 이러한 여파가 가시기도 전에 1980년대 이란과 이라크와의 전쟁으로 2차 석유파동이 일어나면서 세계는 심각한 경제 위기를 겪게 되었다.

현재 세계 각 국가는 이 같은 일련의 역사적 사건을 돌아보면서 급격한 에너지 가격 변화와 에너지 공급 중단, 에너지 사용에 따른 환경오염 등에 항상 대비하는 정책을 실행하고 있다. 즉 에너지 안보 태세 강화는 지구촌 국가 대부분이 정책으로 추진하고 있는 중요한 쟁점이라고 할 수 있다.

5. 환경문제의 범주와 해결을 위한 노력

일반적으로 환경문제는 인구증가, 소비, 기술 때문에 발생한다. 인구증가와 사람들의 소비로 인해 환경은 지속적으로 훼손되고 있다. 반면 기술은 환경문제를 야기하는 원인임과 동시에 환경문제를 개선하기 위한 중요한 사회적 산물이기도 하다.

인구증가, 소비, 기술로 인해 발생하는 여러 가지 환경문제 중 최근 가장 큰 사회문제로 인식되고 있는 것은 대기오염 문제일 것이다. 앞서 언급한 지구적 수준의 탄소배출량 증가에서 비롯된 기후변화는 직간접적으로 대기오염에 의한 환경문제를 유발했다. 온실가스 문제로 악화되고 있는 기후변화 현상을 조금이라도 늦추기 위해서는 탄소배출량을 줄이는 방법 외에는 사실상 근본적인 해결책을 찾기가 불가능하다고 볼 수 있다.

한편 환경문제는 대기오염뿐 아니라 수질오염과 토양오염을 함께 포함한다. 생활하수, 산업폐수 등으로 수질오염이 심해지고 있으며, 산업화된 고형폐기물 증가로 지역 매립장은 포화상태에 이르는 경우가 많아졌다. 최근 들어서는 일회용품 사용금지 등 환경운동의 다양한 실천항목들이 생기고 있다. 이와 관련하여 플라스틱 사용이 중요한 환경문제의 쟁점으로 논의되고 있다.

현재 많은 국가에서 환경오염 문제를 해결하고자 정책적으로 노력하고 있지만, 아직 효과적인 해결책을 쉽게 도출하지 못하고 있는 실정이다. 결국 환경문제는 시민들이 친환경 행동을 할 때 생기는 '불편함'을 감수할 수 있을 것인지의 문제와 국가, 기업이 환경오염을 막기 위해 시도하는 기술 개발, 시설 확충에 따른 '비용'을 어떻게 해결할 것인지에 대한 문제로 귀결된다. 이처럼 최근 환경문제는 전 세계 국가에서 중요한 사회문제로 인식하고 있다. 그리고 시민사회의 환경운동을 통해 일부 그들의 의견이 반영됨으로써 특정 쟁점이 국가의 정책 의제로 채택되고 있기도 하다. 하지만 이 같은 공식적인 환경정책 수립과 집행만으로는 환경과 관련한 근본적인 문제를 해결할 수는 없다. 이제 현대사회를 살아가는 모든 세대는 미래세대가 누릴 삶의 기회를 파괴하지 않도록 노력해야 한다. 예를 들어서 사람들의 소비욕구를 현재 수준에서 더 낮출 수 있다면 지속가능한 지구의 모습이 미래세대에게 전해질 수 있을 것이다. 결국 환경친화적 행동에서 오는 불편함과 환경보전을 위해 필요한 비용의 문제는 현재 세대가 환경문제를 개선하기 위해 서로 꾸준하게 논의해야 하는 사회적 쟁점이라고 할 수 있을 것이다.

제9장

직업과 소비 : 개인 정체성의 문제

제9장 직업과 소비 : 개인 정체성의 문제

1. 직업과 정체성

최근 4차 산업혁명으로 명명되는 융합사회로의 전환으로 직업군의 형태와 가치가 변화하고 있다. 이에 발맞춰 직업에 대한 사회적 평가도 달라지고 있으며, 사회구성원들의 직업관 역시 바뀌고 있다. 지금 우리 사회에서 생계유지, 사회에 대한 기여, 개인의 자아실현이란 세 가지 직업가치를 모두 갖춘 직업을 찾기란 매우 어렵다. 사람들은 각자 직업에 대해서 서로 다른 가치를 부여할 수 있고, 각 사회의 문화적 조건에 따라서 특정 직업군에 속한 사람들에 대한 사회적 정체성의 규정 역시 달라진다.

산업사회에서는 주로 노동시장에서의 사회경제적 위치에 의해 개인의 정체성이 규정되었다. 이를 잘 나타내주는 현상으로 사람들이 사회생활을 하면서 서로 명함을 교환하는 행동에 주목할 필요가 있다. 명함에는 자신의 이름, 직장, 직장 내 지위와 역할이 쓰여 있다. 명함 교환은 결국 우리 사회 노동시장에서의 자신의 위치를 상대방에게 소개하면서 자신의 정체성을 표현하는 행위라 할 수 있다. 외부적으로 규정되는 이 직업적 정체성은 해당 노동시장을 떠날 때까지 지속된다.

하지만 과거 산업사회의 모습과는 달리 현재의 직업구조는 급변하는 지식과 기술에 조응(照應)하기 위해 빠르게 변화하고 있다. 4차 산업혁명 시대가 요구하는 새로운 지식과 융합적 기술의 활용 능력이 이제는 기업이 노동자들에게 구체적으로 바라는 직업 능력이 되었다. 기업은 단순 노무나 기능을 기계로 대체하고, 인간에게는 전문화된 숙련 기술을 요구한다. 세계적으로 빠르게 진행된 사회경제적 시장 질서의 변화로 인해 사회적 수요가 늘어난 직업 분야가 있는 반면, 상대적으로 수요가 감소한 직업군도 있다. 이렇듯 직업군의 변화와 함께 인간의 사회적 정체성 역시 빠르게 변화하고 있다.

그런데 심각한 문제는 특정 직업군의 소멸로 사람들은 어느 순간 순식간에 사라져버린 자신의 사회적 정체성에 큰 심리적 충격을 받기도 하고, 심지어 실제로 생존권까지 위협받고 있다는 점이다. 일부의 사람들은 이 같은 사회현상에 분노하고 집단행동으로 이를 표출하거나 타 이해집단과 갈등 관계를 유발하기도 한다.

과거 대량생산 대량소비의 가치를 실현한 전형적인 산업사회에서의 개인은 하나의 기술만 집중적으로 습득했으며, 노동시장에 도입된 분업의 원리에 의해 독립된 개인 기술이 모여 과업 공정(工程)이 진행되었다. 이 같은 직업의 세분화는 현대 정보사회에서도 일정 부분 이어지는 경향을 보이기도 했다. 그런데, 4차 산업혁명기의 융합사회로 전환하면서 생산체계를 담당하는 기계를 인간이 전체적으로 관리하는 융합적 지식체계가 노동자의 중요한 능력으로 인정받기 시작했다. 산업사회에서의 표준화되고 기계적인 직업 공정 과정이 변화하기 시작한 것이다.

이처럼 현재 직업의 다양화로 개인의 정체성을 표현하는 과정은 더욱 복잡해지고 있다. 이러한 직업변화에 영향을 미치는 요인은 여러 가지가 있다. 우선 살펴볼 수 있는 것이 '경제적 환경'의 변화이다. 최근 세계적으로 주목받고 있는 지식기반 경제체제에서는 지적 능력이 생산성뿐만 아니라 시장 전체의 흐름과 성과를 결정짓는 중요한 기능을 한다. 지식기반 경제체제는 육체적 노동량에 의해서만 직업가치가 결정되던 과거 기준을 변화시켜 정신노동과 기술, 지식의 질에 의해 생산성이 결정되도록 영향력을 행사하고 있다. 이 같은 경제환경의 변화는 개인의 사회적 정체성을 결정하는 직업구조에도 변화를 야기했다.

이 경제환경의 변화는 다시 크게 두 가지 변화상으로 나누어 고찰해 볼 수 있다. 첫째, 산업구조의 변화를 들 수 있다. 4차 산업혁명 시기를 맞이하여 새로운 노동시장이 형성되면서 노동 인력의 수요 및 공급에 변화가 발생했다. 산업구조의 변화와 관련하여 새로운 직업의 종류가 늘어났지만, 반대로 쇠퇴하는 산업구조의 성격에 따라서 급속하게 줄어드는 분야의 직종도 발생하고 있다. 둘째, 정부 정책의 변화를 들 수 있다. 정부에서 추진하는 정책의 원칙이 바뀌면 그 새로운 정책에 부합하는 다양한 직업이 생기게 된다. 특히 정부의 주력 산업, 경제정책에 따라 각종 제도의 규제가 완화되기도 하고 새로운 지원 산업이 유치되기 때문이다. 이처럼 국가와 시장, 시민사회는 서로 끊임없이 영향을 주고받으면서 개인의 직업구조에 영향을 미치게 됨을 알 수 있다.

한편 경제환경의 변화와 함께 직업구조에 영향을 미치는 또 다른 요인으로 '사회적 환경'의 변화가 있다. 사회적 환경의 변화로는 인구구조 변화, 생활수준 변화, 세계화의 영향력 확장 등의 구조적 변화를 그 예로 들 수 있다. 이 거대한 변화의 영향력은 사회구성원의 직업 선택 기준을 변화시켜 새로운 직업 획득의 욕구를 자극한다. 사회구성원들은 이렇게 변화하는 시대적 조류에 발맞추어 자신의 적성과 가치에 맞는 직업을 획득하여 자신만의 정체성의 표현을 꿈꾼다. 사회구성원들의 직업관에는 개인의 다양한 생각이 포함된다. 생업으로서의 가치뿐만 아니라 사회적 지위 획득, 자아실현 수단으로서도 직업을 선택한다.

현대사회에서는 일부 소수의 직종을 제외하고는 이제 평생직장이나 평생직업의 개념이 무의미해지고 있다. 신자유주의가 지배하는 사회에서는 끊임없는 경쟁체제에 의한 기업 인수, 합병에 있어서 노동자에 대한 구조조정 역시 불가피하기 마련이다. 그동안 관행적으로 보장되던 종신고용에 대한 사회적 기대 역시 사실상 사라지고 있다. 따라서 일정한 직업군에 속한 사회구성원들은 끊임없이 변화하는 대외상황에 대처하는 역량을 갖추기 위해 지식과 기술을 학습하고 직업이동에 대비해야 한다. 한편에선 사람들 각자의 삶의 질을 고려한 직업 선택의 가치도 증가하고 있다. 특히 과거 주 5일 근무제 확대 시행 등 절대적 노동시간이 감소하는 상황에서 직업인들은 자신의 삶의 질적 향상을 위한 자유시간, 여가시간을 얻기 위해 노력하고 있다.

이처럼 다양하게 변화하는 노동세계를 살아가는 사회구성원들에게 어느 순간부터 직업윤리라는 새로운 가치가 중요하게 부여되기 시작했다. 인간은 누구나 직업을 통해 물질적, 정신적 보상을 얻기를 원하며, 그와 동시에 직업을 통해 자신의 정체성을 표현하기를 원한다. 따라서 직장생활을 하는 동안 사람들의 심리 속에는 자신이 근무하는 직업군에서의 윤리적 가치를 자연스럽게 생각하게 된다. 경제활동 과정에서 나타나는 기업윤리, 노산관계 윤리, 소비생활 관련 윤리 등은 결국 인간이 직업군에서 어떤 윤리의식을 함양해야 하는지를 직간접적으로 보여준다. 인간 개인은 자신의 지식과 기술에 대한 확신을 통해 과업에 최선을 다하며, 업적에 따른 정당한 보수를 요구하기도 하고 자신의 직업을 통해 합리적, 합목적적, 미래지향적 가치를 추구하기를 원한다. 그 심리적 욕구에 부합하도록 직업생활 내 윤리적 기준을 정하고 그 기준에 따라 절제하며, 도덕적 인간으로서의 역할에도 충실하기 위해 노력하게 된다.

이처럼 직업인으로서 직업윤리 수행은 사회와의 상호작용 속에서 이루어진다. 직업인으로서 인간은 꾸준하게 사회규범을 준수하고, 사회와 국가 발전에 공헌하며, 창의적인 자아실현을 추구해야 한다. 집단의 존속과 전체의 안녕이 바로 사회구성원 개개인에게 달려 있다는 직업인으로서의 사명감도 잊지 말아야 할 것이다.

2. 소비와 정체성

모더니즘이 지배하는 산업사회에서의 개인 정체성 규정은 대부분 생산영역에서 이룬 자신의 사회경제적 지위와 관련되어 있다. 하지만 포스트모던 사회를 맞이하여 소비영역에서도 타인에 의해서 개인의 정체성이 규정되는 경우가 증가했다. 정보사회로의 급속한 전환으로 단위시간당 수행할 수 있는 노동의 양이 많아졌다. 따라서 산업사회와 비교하면 동일 과업을 수행할 때 소비되는 노동시간이 단축되는 효과가 있다. 물론 남는 시간에 다른 일을 해서 수익을 창출하는 사람도 있지만, 사람들 대부분은 그 시간을 여가활동을 위해 활용하면서 소비를 통해 자신의 정체성을 표현하기 시작하고 있다. 예를 들어 '무엇을 먹을 것인가, 무엇을 입을 것인가, 어디로 여행을 갈 것인가' 등의 소비 관련 질문에 대한 실천을 통해 실제 행위자의 경제적, 사회문화적 지위를 스스로 표현하고 있는 것이다.

소비를 통해 표현됨으로써 알게 되는 사람들의 취향은 결국 현대를 살아가는 개인의 지위와 역할에 대한 정체성 문제로 환원된다. 많은 사회과학자들은 소비활동과 계급 간 관계에 관심을 갖고 꾸준하게 연구를 진행했다. 이와 관련하여 부르디외는 문화자본과 계급에 대해 논의했다. 특정 생활양식을 향유할 수 있는 능력인 문화자본 획득에 사람들은 일정한 노력과 시간을 스스로 할애한다. 인간은 지식, 교양, 기능, 취미, 감성으로 이루어진 문화자본을 통해 소비활동을 한다. 그리고 그 소비활동이 곧 그들 고유의 생활양식으로 자리매김함으로써 사회적 정체성을 표현하게 되는 것이다.

더불어 사회 상위계층의 사람들은 특정 소비활동을 위한 다양한 학습과 교육을 통해 타인과의 '구별짓기'를 하면서 개인의 정체성을 표현하기도 한다. 정체성을 표현하는 구별짓기 방법의 하나로 사회구성원들이 규정한 고급 소비활동을 통해 타인에게 자신의 사회경제적 위치를 과시하려는 행동을 하는 것이다. 골프, 요트, 승마 등 특정 여가생활이 부유층의 상징물이 되고, 사회 상위계층의 사람들만 누릴 수 있는 회원권이 한정 판매되거나 명품 브랜드의 상징물이 잘 드러나는 디자인이 많아진 것도 이 같은 사람들의 정체성 표현 욕구가 반영된 것이라고 할 수 있다.

이처럼 소비활동을 통해 개인은 자신의 정체성을 표현하고, 타인은 상대방의 소비패턴을 보고 그의 사회적 정체성을 규정한다. 흥미로운 사실은 소비를 통한 정체성 구현 과정이 지속되면서 사회경제적 지위에 따른 고유한 소비 형태가 점차 유형화되고 있다는 점이다. 즉 사회계층에 따라 어떤 재화를 소비하고, 어떤 서비스 혜택을 받으며, 어떤 브랜드의 의복을 입고, 어떤 집에서 어떤 음식을 먹는지 등의 변인들이 사회문화적으로 자연스럽게 표준화, 규격화되고 있다. 그래서 사람들은 특정 소비활동을 보고 그 사람의 사회경제적 지위를 추측할 수 있게 된다.

소비를 통한 정체성의 표현은 사회경제적 지위에만 한정되지 않는다. 개인을 가장 잘 표현하는 신체로 그 영역이 옮겨지고 있다. 사람들은 자신이 원하는 체형을 만들기 위해 남녀노소 할 것 없이 많은 노력을 기울인다. 다이어트를 하거나 피트니스 클럽(fitness club)에서 자신이 원하는 신체 부위에 근육을 만들며 몸매관리를 한다. 이 과정에서 운동을 전문적으로 배우고자 하는 사람들에게 일대일(一對一)로 지도해주는 개인 트레이너(personal trainer)라는 새로운 직업군이 만들어지기도 했다. 또한 성형 관련 의료기술의 발달로 자신이 원하는 방향으로 신체를 변형시킬 수도 있게 되었다. 의료기술이 더 이상 질병 치료 수단으로만 국한되지 않고 인간의 정체성을 효과적으로 표현할 수 있게 지원해주는 방향으로 그 가치를 확장하고 있다. 헤어 디자이너의 기술도 전문화되어 있어서 이제 자신의 머리카락 손질을 원하는 소비자는 선호하는 특정 미용실이나 헤어샵 방문을 위해 예약을 해야 한다. 이처럼 소비는 단순히 인간의 욕구를 충족시키는 수단이 아니라 개인의 정체성을 드러내는 중요한 사회적 행위가 되었다. 그리고 소비를 통해 구현되는 문화자본 형성은 이미 사람들의 사회화 과정에서 지속적으로 이루어지고 있다.

현대사회를 사는 구성원들은 급격한 시대 변화 때문에 자신의 정체성에 혼란을 겪게 되는 경험을 쉽게 하게 된다. 개인 정체성의 혼란은 사회구성원들이 스스로 존재해야 하는 본원적 의미를 상실하는 것이기 때문에 그 혼란이 확산하면 심각한 구조적인 사회문제를 유발할 수 있다. 이에 사회구성원들은 자신의 정체성을 사회규범과 연계하여 안정적으로 규정하려고 여러 가지 노력을 기울인다. 하지만 거시적인 사회변동 질서로 말미암아 자신이 믿고 따랐던 사회규범이 사라지는 무규범 상태를 겪기도 한다. 소위 아노미(anomie)로 명명되는 심리적 혼란의 집단화 현상이 나타나게 되는 것이다. 이렇게 발생하는 사회문제를 해결하기 위해서는 다양한 사회활동을 통해 사회구성원 개인이 심리적으로 스스로 납득할 수 있는 개인의 정체성을 명확하게 규정하고 정립하는 성찰적인 삶의 태도가 요구된다.

제10장

일탈 및 범죄 문제

제10장 일탈 및 범죄 문제

1. 일탈, 범죄의 원인과 결과를 설명한 이론들

사회과학 분야에서는 일탈이나 범죄 문제를 설명하려는 수많은 이론적 논의가 진행되어왔다. 그러한 연구를 통해 인간의 일탈행동의 원인과 결과를 분석함으로써 안정적인 사회질서를 확립하기 위한 다양한 대책들이 마련되었다. 많은 관련 이론 중 주로 인간의 일상생활에서 쉽게 적용할 수 있는 이론적 연구 성과를 정리하면 다음과 같다.

첫째, 사람들이 특정 일탈자로부터 일탈이나 범죄 행동을 배우는 사회화 과정을 통해 그것과 유사한 행동을 하게 된다고 본 '사회학습이론'이 있다. 사회학습이론의 이론적 맥락 속에서 미국의 사회학자 에드윈 서덜랜드(Edwin H. Sutherland)는 차별교제[접촉]이론을 통해 친밀한 집단 속 의사소통에 의한 일탈, 범죄 행동의 학습 과정을 분석했다. 이 이론은 상호작용을 통해 일탈[범죄]이 학습된다는 사실을 전제로 한다. 더 구체적으로 살펴보면, 사람들은 주로 주위에 가까운 관계를 맺고 있는 사람(친척, 친구, 이웃 등)에게서 일탈행동을 배우게 되는데, 이들로부터 일탈, 범죄 동기를 합리화하는 방법까지 학습한다.

또한 규범이나 법을 준수하는 사람보다 위반 행동을 하는 사람에게 더 호의적인 태도를 보이는 사람이 일탈이나 범죄 행동을 많이 하게 된다고 본다. 그리고 일탈에 관여된 사람을 얼마나 자주, 오래, 친하게 만나왔는지에 따라 그러한 행동의 학습 과정이 달라진다고 주장한다. 결국 일탈행동의 원인은 결국 일탈자와의 교제[접촉]를 통해 학습되므로 이를 막으면 일탈행동이 일어나지 않는다는 논리가 성립한다.

둘째, 미국의 사회학자 트래비스 허쉬(Travis Hirschi)의 '사회통제이론'이 있다. 허쉬의 사회통제이론에서는 다양한 통제 질서의 일탈 억제 효과에 주목한다. 안정적인 사회유대 상태가 지속되지 않고, 통제 기제가 불안정해지면 일탈이 발생한다고 주장한다. 사회통제이론에 따르면 인간의 본성과 함께 사회적 유대 정도가 일탈 억제 과정에 작용하게 된다. 그 이론적 내용을 구체적으로 정리하면 다음과 같다.

사회통제이론에 의하면 사회적 유대 정도가 강할수록 일탈행동이 통제되는 억제 효과가 크게 나타날 수 있는데, 그 주요 변인들은 애착, 관여, 참여, 신념의 심리적 특징이다. 먼저 사회통제이론에서 말하는 사회적 유대 요소 중 '애착'은 부모, 학교, 동년배 등과의 관계에서 맺어지는 정서적 유대 상태를 의미한다. 자신과 가까운 사람과 안정적인 유대를 맺고 있으면 일탈행동이 억제된다는 논리이다. '관여'는 미래 자신의 지위에 대해 긍정적인 방향으로 성장하고자 하는 심리적 상태와 노력의 정도이다. 예를 들어서 성인 지위로의 이행과정에서 높은 사회적 지위에 오르려는 열망 등이 강하면 합법적 행위를 추구하려는 정도가 강해져 현재의 행동이 자신의 희망에 부합되도록 관여하고 헌

신하게 되므로 일탈을 저지르지 않는다. '참여'는 취미, 학교 활동 등 건전한 일상적 활동 참여 빈도가 높을수록 일탈을 저지르지 않게 됨을 뜻한다. '신념'은 사회적 규칙과 법, 규범을 준수해야 한다는 개인의 내적 태도를 의미하는데, 이 내적 통제 기제가 강하게 작용할수록 일탈을 저지르지 않게 됨을 의미한다.

허쉬가 말한 사회통제를 가져오는 변인 중 애착, 관여, 참여는 외적 통제를 가져오는 변인이며, 신념만이 개인의 내적 통제 변인이라고 할 수 있다. 이 같은 사회유대 상태가 지속되지 않으면, 결속과 통제의 정도가 약해져 일탈과 범죄를 저지를 가능성이 커진다는 사실이 허쉬의 주요 연구내용이다. 따라서 일탈로 인한 사회문제를 억제하기 위해서는 건전한 사회유대관계의 결속력을 더 강화해야 한다.

셋째, 사회적 규범이 이완, 붕괴되어 무규범 상태가 되면 일탈을 저지른다는 '아노미 이론'이 있다. 일찍이 사회학자 에밀 뒤르켐(Émile Durkheim)은 사회가 발전할수록 분업체계가 갖춰지고 사회의 각 부분들이 마치 유기체처럼 각자의 기능을 충실히 수행하게 된다고 보았다. 그 사회의 급속한 변화 과정에서 사람들은 과거의 삶을 규제하고 통제했던 규범이 더 이상 의미 없게 되는 시기를 겪게 된다. 이 무규범 상태를 아노미 상태로 명명하고, 이때 인간은 많은 혼란을 겪게 된다고 주장한다.

뒤르켐의 아노미 개념을 발전시킨 미국의 사회학자 로버트 머튼(Robert K. Merton)은 긴장과 좌절을 유발하는 사회적, 경제적, 문화적 조건 때문에 인간이 일탈행동을 하게 된다는 아노미이론을 정립했다. 머튼은 문화적으로 규정된 목표와 제도적으로 승인된 수단 간 괴리가 아노미 상황을 불러일으킨다고 주장한다. 행위자가 추구하는 문화적 목표와 함께 그 문화적 욕구를 실현할 제도적 수단이 있으면 사람들은 일탈을 저지르지 않고, 현재의 사회질서에 동조하게 된다. 하지만 문화적 목표와 제도적 수단 간의 괴리가 있을 때 사람들은 여러 가지 형태의 일탈행동을 하게 된다.

머튼은 아노미 이론을 통해 사회변화 속에서 진행되는 개인의 적응 유형을 제시하면서 문화적 목표와 제도적 수단의 수용 및 거부 여부를 기준으로 일탈로 규정되는 행동을 다음과 같이 나누었다. 첫째, 문화적 목표는 있지만 제도적 수단이 없는 경우, 위법행위와 같이 나름대로 혁신적이라고 생각하는 적응행동을 통해 자신의 목표를 달성하려고 한다. 이를 혁신형 적응 유형이라고 한다. 둘째, 무언가를 할 수 있는 수단은 있지만 목표가 없는 경우, 전체 집단에 유익한 일을 하기보다는 그동안 해 오던 대로 과업을 추진하는 의례주의적 적응 유형의 행동을 하게 된다. 셋째, 문화적 목표와 제도적 수단이 모두 없는 경우에는 아무것도 하지 않는 패배주의적 행동을 하게 된다. 넷째, 전통적인 기존 사회에서 인정받는 목표와 수단을 모두 거부하거나 완전히 새로운 것을 추구하는 반역적인 행동을 보이기도 한다. 머튼의 입장에서는 문화적 목표와 제도적 수단이 모두 갖춰진 동조형 적응행동을 제외하고는 혁신형, 의례주의형, 패배주의형, 반역형 적응행동 모두를 사회의 일탈행동으로 간주한다.

한편 이와 관련하여 미국의 사회학자 리처드 클라워드(Richard A. Cloward)와 로이드 올린(Lloyd E. Ohlin) 역시 일탈의 이유를 일종의 무규범적 상황에 근거하여 설명한다. 이 이론에 의하면 자신의 목표를 달성하기에 다소 혼란스러운 상황에 빠진 사람들은 자신에게만 합법적인 기회가 부여되지 않는다고 생각하여 비합법적인 일탈 · 범죄문화가 있는 지역으로 편입하게 된다. 그리고 이주한 해당 지역의 일탈문화가 제공하는 목표 달성을 위한 비제도적 수단의 이용 가능성을 점검하게 된다. 비제도적 수단의 이용 가능성 정도에 따라 그 사람의 일탈행동 여부가 결정된다고 분석했다. 즉 제도적 수단이 없는 아노미 상태와 비제도적 수단에 의한 행동 실행이 가능한 사회문화적 조건이 함께 행위자에게 영향을 미쳐 일탈이 야기되는 것이다. 더불어 그들 특정 집단이 공유하는 하위문화는 갈등, 도피 등의 독특한 성격을 갖게 된다고 보았다.

넷째, 일찍이 일탈과 범죄 행동을 설명한 또 다른 이론으로 미국의 사회학자 에드윈 레머트(Edwin M. Lemert)와 하워드 베커(Howard S. Becker) 등이 연구한 '낙인이론'이 있다. 낙인이론은 일탈을 둘러싼 행위자 간 상호작용 과정을 잘 설명한다. 이 이론에서는 일탈을 1차적 일탈과 2차적 일탈로 구분한다. 1차적 일탈은 사회규범은 위반했지만, 개인의 심리, 사회적 역할 수행에는 영향을 미치지 않는 일탈이다. 한편 2차적 일탈은 1차적 일탈에 대한 구체적인 사회적 반응이 나타나면서 발생하게 된다. 1차적 일탈자에 대한 타인의 반응과 규정에 의해 1차적 일탈자는 스스로에게 일탈자라는 정체성을 부여하고 다시 일탈행동을 저지르게 된다고 분석했다. 이 이론은 한번 잘못을 저지른 사람들이 깊이 반성했음에도 불구하고, 그 일탈자에 대한 타인의 사회적 편견으로 말미암아 다시 일탈이 발생하게 되는 과정에 대해서 잘 설명해준다.

다섯째, '갈등이론'이 있다. 미국의 사회학자 조지 볼드(George B. Vold), 오스틴 터크(Austin T. Turk) 등이 논의한 이 이론은 국가의 법과 제도에 대한 사회구성원들의 인식에 근거하여 일탈과 범죄를 설명한다. 이들은 법과 제도가 특정 지배집단을 위해 만들어졌기에 해당 법과 제도의 적용 역시 특정 집단에게 유리하게 적용된다고 보았다. 쉽게 말해서 법의 형성과 집행이 소위 권력집단에 의해 이루어진다는 점에 주목했다. 갈등이론가들은 사회의 본질은 결국 희소자원을 추구하는 이익 집단 간 갈등 관계이므로 제도는 권력을 가진 집단의 이익을 유지하고 재생산하기 위한 수단이다. 따라서 이 이론에서는 일탈의 본질을 지배계급을 위한 제도와 법률을 위반하는 것으로 규정했다.

갈등이론에서 일탈행동으로 진행되는 과정을 구체적으로 살펴보면 다음과 같다. 먼저 피지배자들의 규모와 조직화 정도가 점점 커져 권력이 강해지면, 지배자들은 자신들의 기득권에 위협을 느끼게 된다. 그래서 지배자들은 피지배자를 효과적으로 통제하기 위한 적절한 법과 제도를 제정하고 시행한다. 따라서 갈등이론에서는 피지배자들이 지배자들의 권력을 보호해주는 법과 제도를 위반하는 것이 곧 일탈행동이라고 주장한다.

갈등이론의 관점에서 일탈과 범죄 행동을 분석할 경우에 일탈자, 범죄자로 규정된 사람들의 일탈, 범죄 행동이 지배계급의 이익에 위반되는 행동인지 아니면 사회 통념상 그와는 관련 없는 행동인지를 판단하는 비판적, 논리적 사고가 필요하다. 갈등이론에 의하면 두 사람이 똑같은 행동을 하더라도 지배자가 정한 법과 제도에 따라 일탈, 범죄 행동이 성립되거나 또는 성립되지 않는 두 가지 상황이 모두 발생할 수 있기 때문이다.

2. 확산하는 다른 유형의 일탈 및 범죄 문제

1) 화이트칼라 범죄 문제

일찍이 서덜랜드는 화이트칼라 범죄(white collar crime)에 대해 사무직 노동자, 사업가 등 사회 각 방면에서 관리적, 지도적 위치에 있는 사회구성원이 자신의 지위를 이용해 직무 과정에서 저지르는 범죄로 개념화했다. 이들은 자신의 지위에 부여된 특권을 불법적으로 사용하여 범죄를 저지른다.

화이트칼라 범죄는 일반적 범죄 유형과는 차별화된 특징이 있다. 화이트칼라 범죄는 특정 직무를 수행하는 사람이나 집단에게만 부여되는 권한과 지위를 악용하기 때문에 범죄 행동이 폐쇄적, 조직적으로 발생한다는 특징이 있다. 따라서 같은 조직 내에 있거나 전문지식이 없으면 범죄 사실을 쉽게 알기 어려우며 단시간에 적발되지 않는 특징이 있다. 화이트칼라 범죄는 대부분 폭력적으로 발생하지는 않지만, 한번 발생하면 다른 범죄에 비해 사회에 미치는 물질적 피해가 크게 나타나며, 경제적 파급 효과 역시 심각한 수준으로 진행되는 경우가 많다. 특히 현대사회를 이루고 있는 네트워크 체계의 속성상 불특정 다수에게 큰 피해를 가져올 수도 있다.

화이트칼라 범죄 사실이 대중에게 알려지면, 그 사회를 지탱해온 사회규범에 근거를 둔 도덕적 질서에 심각한 위기가 찾아오게 된다. 다른 사회구성원들에게 상대적 박탈감이 작용할 수 있기 때문이다. 더 나아가 범죄가 발각되더라도 일반적인 범죄에 비해 사회적 비난이 적은 경우도 발생한다. 이는 전문지식을 가진 사회 상위계층의 조직적 범죄의 피해 정황에 대해 일반 시민들이 정확하게 인지하지 못하거나 고차원적 범죄 행위에 심리적으로 위축되기 때문에 나타나는 현상이라고 할 수 있다.

2) 사이버일탈 · 범죄 문제

본격적인 정보사회의 도래로 그동안 일상생활에서는 발견되지 않았던 사이버공간에서의 일탈과 범죄가 온-오프라인 공간을 넘나들며 나타나고 있다. 사이버공간에서의 일탈과 범죄 문제는 사이버문화의 익명성, 비대면(非對面)성이라는 특징으로 더욱 확산하고 있다. 사이버문화는 타인과의 상호작용을 전제로 존재하게 된다. 사이버공간에서 나와 의사소통하는 사람이 평소 일상생활에서 잘 아는 사람인 경우도 있고, 불특정 다수일 수도 있다. 따라서 직접 얼굴을 마주 대하지 않아도 되는 사이버문화의 특징 때문에 일반 시민들은 일탈자가 누구인지도 모르는 상태에서 범죄에 노출될 가능성이 크다. 또한 정보통신기술의 발달로 시공간의 한계가 사라져 컴퓨터 바이러스, 해킹 등을 통해 사이버일탈·범죄 행동이 광범위하고 빠르게 퍼져나가고 있다.

사이버일탈·범죄에 대해 심층적으로 연구하고 있는 많은 사회과학자들은 사이버범죄를 체계적으로 범주화하고, 그러한 행동의 예방 및 처벌과 관련한 정책적 제언을 내놓고 있다. 사이버범죄의 범주와 기준을 간략하게 살펴보면 다음과 같다.

사이버범죄는 구체적인 그 내용에 따라 분류할 수 있다. 먼저 사이버상의 언어폭력, 욕설, 명예훼손 등의 사이버폭력범죄, 지적재산권 침해, 사이버도박 등의 사이버재산범죄가 있다. 또한 사이버성폭력, 사이버성매매알선, 사이버음란사이트 운영 등 성(性) 관련 사이버범죄와 전문적 기술을 이용한 바이러스 유포, 개인정보 침해, 스팸메일 유포, 피싱 사기(phishing) 등의 사이버범죄로 분류할 수 있다.

한편 사이버범죄는 범죄 행동의 목적에 따라 분류가 가능하다. 컴퓨터 하드디스크 절도 등의 컴퓨터 기기 자체에 대한 범죄, 해킹 등의 컴퓨터 사용 범죄, 바이러스 유포 및 개인정보침해 등의 전산망 범죄, 사이버폭력, 저작권 문제, 음란물 제작 및 유포 등의 불건전정보범죄, 사이버도박, 불법 채팅 등의 영상미디어범죄로 나눌 수 있다.

3. 일탈 및 범죄 문제의 예방과 해결

일탈과 범죄 문제는 사회가 존재하던 때부터 진행되어온 인간의 안전과 관련한 가장 원초적인 사회문제이다. 일탈의 원인과 결과에 관한 다양한 연구는 사회안전망 구축의 이론적 근거를 마련해준다. 일탈, 범죄의 원인을 정확하게 파악해야 그 결과를 논리적으로 예측할 수 있기 때문에 일탈과 범죄의 인과관계를 규명하는 설명적 연구는 중요하다. 이 인과관계 파악을 통해 일탈, 범죄의 예방책을 지속적으로 마련할 수 있어야 사회구성원들의 안전이 보장된다.

국가와 기업, 시민사회는 현대사회에서의 일탈 및 범죄 문제를 미연에 방지하기 위해 다양한 정책 및 제도, 자발적 안전망 구축 등의 해결책을 강구한다. 특히 공공의 안전을 책임지는 국가적 차원에서는 범죄의 양형 기준을 높이거나 신속하고 정확한 범죄자 검거를 위해 추가 예산편성 등의 제도적인 지원을 하여 범죄 제지 효과를 얻고자 노력하고 있다.

직접적인 범죄자 검거 및 처벌 관련 정책 외에도 조도(照度)가 높은 가로등을 설치하는 등 지역 환경개선을 위한 사회적 지원도 함께 진행해야 한다. 이를 위해 국가와 시민사회 간 협력적 네트워크가 구성되기도 한다. 정부는 지역사회에 일탈·범죄 억제 효과를 기대할 수 있는 관련 정책을 지원하고, 지역사회 시민들은 자율방범대조직, 범죄신고시스템 구축 등의 네트워크 체계를 구축하여 일탈·범죄를 줄이려고 노력한다. 또한 다양한 시민운동을 통해 일탈·범죄가 없는 건전한 사회문화를 조성하고 있다.

다른 사람에게 해악을 끼치는 일탈과 범죄 행동을 예방하고, 이와 관련한 근본적인 사회문제를 해결하기 위해서 중요하게 생각해야 할 점이 있다. 그것은 인간의 사회화 과정에서 윤리를 배울 수 있는 교육시스템이 한 사회에 얼마나 체계적으로 구축되어 있는지를 성찰해 보는 것이다. 인간의 사회화 과정에서 윤리적 행위에 관한 올바른 학습을 통해 일탈·범죄 행동에 대한 내적 통제 기제가 사회구성원 개인에게 갖추어져 있어야 한다. 윤리 교육의 확립은 인간의 일탈·범죄 행동을 근원적으로 예방하기 위한 중요한 토대가 될 것이다.

제11장

정치 참여방법의 변화와 의사소통 문제

제11장 정치 참여방법의 변화와 의사소통 문제

1. 민주주의 사회에서의 시민 정치 참여

사회에서 민주주의가 안착하는 과정에 필요한 민주정치의 근원적 가치는 결국 시민의 참여와 의사소통이다. 시민들의 정치 참여 과정에서 충분한 공론 과정이 없이 단순히 다수결 원칙만 따른다면 소수의 의견을 수렴하거나 이들을 보호할 방법이 없어지게 된다. 그만큼 민주정치 체제에서는 시민의 참여와 꾸준한 의사소통 과정이 중요하다. 특히 토론과 협상은 민주주의 정치의 원활한 가동을 위한 중요한 매개 역할을 한다. 시민들은 토론과 협상을 통해 생각의 옳고 그름을 성찰하고 특정 현상을 학습할 기회를 갖게 된다. 이처럼 민주주의 사회의 시민 정치를 구현하는 과정에서 시민들 간 갈등을 줄이고 협력적이며 공동체적인 협의를 이루려면 사회구성원의 여러 가지 노력이 있어야 한다.

본격적인 정보네트워크 사회로 진입하면서 미디어와 통신기술의 발달로 정치토론이 가능한 시민집회 공간이 확대되었다. 그 과정에서 오늘날 대다수 민주주의 사회가 채택하고 있는 대의민주주의(代議民

主主義) 제도에 약간의 변화가 나타나고 있다. 대의민주주의는 시민들의 의사결정권을 시민이 선출한 대표가 시민들을 위해 대신 행사하는 정치제도이다. 그런데, 최근 정치 참여를 하는 과정에서 시공간의 제약이 완화되어 직접민주주의 형태의 정치문화가 일부 형성되고 있다. 시민들이 정치권에 직접 의사를 전달함으로써 대의민주주의의 의미가 사회적으로 다시 쟁점화되고 있는 것이다.

이러한 상황에 대해 시민들은 상반된 반응을 보인다. 먼저 시민들이 선택한 대표를 통해 시민들의 의사를 전달하는 대의민주주의에서의 정책 구현 과정에 시민의 의사가 제대로 반영되지 않는다면, 시민들이 직접 의사를 표현할 수 있는 활동의 장이 더 넓게 마련되어야 한다는 입장이다. 반면에 시민들이 정부에 직접 의사를 전달하는 시스템이 과도하게 구현되면 대의민주주의 제도의 정치적, 사회적 의미가 퇴색될 수밖에 없다고 우려하는 입장도 있다.

대의민주주의의 실효성 여부는 사회문제 해결을 위해 선택된 시민 대표의 전문성 확보 여부와 밀접한 관련이 있다. 시민 대표가 전문성을 제대로 확보해야 특정 사회문제에 대한 정확한 진단과 그에 따른 정책 결정이 가능하다. 선거를 통해 선택한 시민 대표가 시민들의 의사를 제대로 반영하지 못한다면, 그 민주주의 제도는 문제가 있는 것이다. 따라서 시민 대표에 대한 일반 사회구성원들의 지속적인 모니터링이 필요하다. 시민들의 권력을 위임받은 시민 대표는 사회정의를 실현하고, 시민 전체의 안녕을 위해 사회문제 해결에 대한 책임감을 가져야 한다. 그리고 꾸준한 학습과 연구를 통해 전문적인 문제 해결

능력을 갖추어야 한다. 대의민주주의 제도에 의해 선출된 시민 대표에게 주어지는 방대한 권력은 시민들이 부여한 권력이라는 사실을 잊어서는 안 된다.

대의민주주의 제도에서 시민 정치 참여는 주권을 가진 시민에게 부여된 당연한 권리이자 의무이다. 투표를 통해 선출된 시민 대표가 시민 개인의 의사를 적절히 대변하지 못했을 때, 시민들은 사회로 나와 사회운동 형태로 의사를 직접 표현하기도 한다. 또한 정부의 정치 지도자들이 시민들의 생각이 반영되지 않은 법과 제도를 제정했을 때는 공론장을 마련하여 신뢰를 저버린 실정(失政)을 직접 비판하기도 한다. 이와 관련하여 시민 참여의 범위와 정도를 두고 두 가지 의견이 논의되고 있다.

첫째, 정치에 무관심한 시민들이 자신들의 입장을 대신 전달해줄 시민 대표 선출 과정에 참여하지 않아서 올바르지 못한 위정자(爲政者)들이 정치를 하게 되면, 시민들의 의사는 당연히 국정 운영에 제대로 전달되기 어렵다. 이 때문에 시민들의 '과소 정치 참여'가 현대 대의민주주의 정치제도의 문제로 대두되었다고 보는 관점이다.

둘째, 시민들이 자신의 의사를 정확하게 잘 반영해주지 못하는 시민 대표에 대한 불신으로 사회문제가 발생할 때마다 개인의 의견을 시민운동 형태로만 표현하게 되면, 현재 운영되고 있는 대의민주주의 제도의 취지 자체가 흔들리게 된다. 바로 이러한 이유로 시민들의 '과잉 정치 참여' 문제는 기존 정치제도의 변화 가능성에 대한 정치적 논의로 이어져야 한다고 보는 관점이다.

2. 정보통신기술의 발달과 전자민주주의

현대 민주주의 사회에서 직접적인 시민의 정치 참여가 가능해진 것은 정보통신기술(ICT)의 발달 덕분이기도 하다. 정보통신혁명으로 시민 참여가 활성화되어 민주주의 본연의 의미가 빛을 발하고 있다. 지금까지 산업사회에서 일반 시민들은 정치적, 정책적 정보 획득 과정에 시공간의 제약이 있었지만, 정보혁명기를 거치며 정치 참여 방법은 획기적인 전환을 맞게 되었다. 사회구성원들은 정치 현황에 관한 정보를 스스로 찾고, 관련 내용에 대해서 비판하고 여론을 주도하는 능동적인 민주 시민으로 거듭나고 있다.

시민사회는 새로운 활동공간으로 떠오른 사이버공간이라는 공공영역의 공론장 구조 내에서 활발한 의사소통을 통해 대의민주주의의 감시자 역할을 수행하고 있다. 또한 온라인 공간 내에서 정책 결정 과정에 참여하면서 독자적인 정치적 의견을 제시하며 영향력을 행사하고 있다. 최근 들어 국가, 시장, 시민사회의 협치 구조인 거버넌스(governance)의 중요성이 사회문화적으로 부각되고 있다. 그리고 이 거버넌스 체계를 중심으로 하는 소위 전자민주주의로 불리는 새로운 정치구조가 사람들의 관심을 불러일으키고 있다. '전자민주주의'는 정보통신기술을 이용해 시민들이 정치과정에 참여하는 이른바 정보 시대의 민주주의 형태이다. 전자민주주의 체계에서 시민 개개인은 네트워크망을 통해 정책 의제에 관련된 다양한 정보를 습득하고 정책 결정 과정에 참여하게 되는 것이다.

정보통신기술에 기반한 하드웨어 전산망은 사회구성원 간 정책 결정 관련 정보 및 의견 교환이 가능하도록 돕는다. 온라인 정치구조에서는 다양한 구성원들의 동시적 참여와 쌍방향 관계가 성립될 수 있다. 사이버공간에서 시민들은 어떤 정치적 의견을 제시할 때, 오프라인보다는 현실 세계의 사회경제적 지위에 영향을 덜 받는다. 한 사회의 구성원으로서 서로 동등한 입장에서 권력에 의한 정보의 왜곡 없이 각기 서로의 의견을 나누며 소통할 수 있는 것이다.

반면 온라인 공간에서의 정치 행위 과정에서 여러 가지 단점도 나타난다. 사람들이 관심 있는 현상에 관한 정보만 받아들이며, 사실과 거짓, 진짜와 가짜 정보에 대한 검증이 합리적으로 이루어지지 않는 경우도 발생한다. 또한 온라인 공간 내 소수의 정보 독점자에 의해 감시사회로 전환되면, 민주주의의 기본 원리가 위협받는 문제가 생긴다. 정보네트워크 사회에서의 독점 권력은 결국 사회통제의 사회문제와 연결된다. 사회통제의 문제는 사회 전반에 걸쳐 감시망이 확대되면서 사회 전체가 권력에 의한 거대한 통제 공간이 되는 위험성을 내포하고 있다. 이미 사회 곳곳에서 많은 사람들의 권력이 전자감시 기술을 활용하여 사회구성원들의 사적인 생활영역에까지 침투해 있는 상황이다. 이와 관련하여 기업의 특정 집단에서는 네트워크 기술을 통해 수집한 소비자 개개인의 생활양식, 구매력에 관한 정보 등을 바탕으로 시민들의 소비성향을 감시, 분석하면서 마케팅 활동을 진행하고 있다.

사회 권력층의 전자감시와 개인정보 침해를 방어하기 위해서는 이 사회문제에 대한 시민 모두의 지속적인 관심이 필요하다. 무엇보다 전자

감시를 예방하고 처벌할 수 있는 법적, 제도적 보완책의 수립이 선행되어야 한다. '정보를 누가 어떤 목적으로 활용하는가', '시민들의 권리를 보호하기 위해 어떤 장치가 필요한가'라는 문제를 시민사회가 비판적 사고를 통해 항상 인식하고 있어야 한다. 시민사회에서는 권력자의 일방향적 감시를 경계할 수 있는 대응적 감시(counter-surveillance) 체제를 통해 스스로 보호받을 수 있는 제도적 안전망을 확보해야 한다.

급격한 사회구조적 변화의 중심에는 매번 새로운 정치적·경제적 권력이 자리 잡고 있기 마련이다. 현대사회에서 정보통신기술은 권력을 동원하기 위한 하나의 수단에 불과하지만, 자칫 누군가 그 사용 권한을 독점하게 되면, 그 기술로 얻게 되는 정보가 권력에 독점적으로 활용됨으로써 민주주의 체제 정립에 있어 큰 걸림돌로 작용할 수 있다.

이처럼 정치구조와 정보통신기술 간 관계에는 복잡한 상호작용 질서가 내재한다. 정보통신기술이 인간 삶의 질적 향상에 상당 부분 기여한 것은 사실이다. 그렇다고 하더라도 정보통신기술만으로 항상 모든 사회문제가 해결되는 것은 아니다. 오히려 그것이 새로운 사회문제를 유발하는 부정적 결과를 낳기도 한다. 정보사회로의 전환 과정이 시민사회로부터의 동의나 합의 없이 일부 권력자와 이해당사자의 주도하에 광범위하게 추진된다면 권력의 독점화와 같은 사회문제를 유발할 수 있을 것이다. 지금과 같은 융합혁명기를 맞이하여 빠른 속도로 진행되고 있는 정보통신기술의 발전이 미래사회의 민주주의 발전에 기여할 것인지, 반대로 일부 계층의 권력 독점화를 가져올 것인지에 대한 질문에는 그 누구도 쉽게 응답할 수 없을 것이다.

정보사회에서 과도하게 개방되고 있는 수많은 정보에 대해서 올바른 판단력을 갖추려면 시민들의 사회화 과정에서 정보 이용에 관한 체계적인 교육이 진행되어야 한다. 또한 사람들은 공론장에서 소수의 올바른 의견과 사고를 포용할 수 있는 존중의 가치가 함양된 사회적 자본을 구조화할 수 있어야 한다. 국가는 여러 이해관계로 집단화되어 있는 시민사회의 다양한 의견을 경청하여 신중하게 협의할 수 있는 공론장에서의 의사소통 기회를 정례적으로 마련할 필요가 있다.

지금까지 살펴본 바와 같이 대의민주주의 제도의 약점을 보완하고자 새로운 민주주의 구현 방안을 모색하는 것은 시민이 주체가 되어 스스로 정치권력의 본원적 가치를 찾기 위해 노력하는 과정이라고 할 수 있다. 이제 민주주의 체제 운영 과정에서 발생하는 사회문제는 총체적 사회구조적 질서 속에서 보완하고 극복해야 할 것이다.

3. 민주주의 이행기의 정치와 문화의 관계: 한국사회의 예

한국사회에서 민주주의를 바라는 시민들의 의지가 본격적으로 표출되기 시작한 정치적 격변기는 1980년부터 1987년 6.29선언까지의 시기로 볼 수 있다. 당시 국내 정치환경은 독재 정권이 정치권력을 독점하여 민주주의 제도가 실질적인 기능을 하지 못했으며, 정부는 문화 및 문화정책에까지 영향력을 행사하기 시작했다. 당시 정부는 문화정책을 정치적으로 이용했으며, 시민들의 의식을 조작하고자 일부 문화산업을 의도적으로 육성하거나 탄압했다. 언론을 통폐합하고 '국풍 81(1981)', '서울아시안게임(1986)', '서울올림픽(1988)' 등의 메가 이벤트(mega event)를 개최하고 질서와 화합이란 명목 아래 그러한 스포츠, 축제 등의 행사는 시민들의 민주주의에 대한 욕구를 무력화하는 수단으로 사용되었다. 또한 소위 '3S 정책(Sports, Sex, Screen)' 중심의 문화정책 기조를 통해 시민들의 정치적 무관심을 유도했다. 해당 정책은 프로스포츠 육성, 야간통행금지 해제, 컬러텔레비전과 성인영화 보급 등으로 구체화되었다. 그리고 산업화 과정에서 정치권력과 연계된 거대 독점기업들이 등장하기 시작했다.

한편 1980년대 초중반에 걸쳐 10대 청소년 중심으로 등장한 새로운 소비집단을 기반으로 대중문화산업이 성장했다. 대중문화는 1970~1980년대 진보적 사회변화의 욕구에서 발생한 민중문화와 실질적인 경쟁 관계에 놓이게 된다. 민중가요, 민중예술 등의 모습을 한 민중문화운동은 독재 정권에 대항한 저항적 성격의 문화운동으로 국가의 집중적인 검열 대상이기도 했다. 민중문화운동은 사회문제에 대한 시민 참여를 가능하게 하는 문화적 통로를 마련하기 위해 노력했다. 그 과정에서 1980년대 이르러 본격적으로 등장한 대중문화와 대립 구도를 유지하게 되었다.

그리고 1987년 6월 항쟁은 국민투표를 통해 직접 대통령을 선출하는 정치적 민주주의를 완성한 6.29선언을 이끌었고, 이 시기부터 정치와 문화영역 간 관계에 변화가 생기기 시작했다. 1988년 출범한 제6공화국 이후 점진적인 문화시장 개방으로 독점자본이 문화를 지배하기 시작했다. 문화산업 시장에 독점자본이 유입되면서 점차 민중문화는 힘을 잃고, 대중문화산업의 확장과 함께 새로운 감성과 감각의 소비 세대가 등장했다. 정치권에서는 문화상품에 대한 전반적인 검열 완화 조치가 취해졌으며, 대중문화와 민중문화 간 대립적 경계가 허물어지면서 문화의 탈정치화 현상이 가속화되었다.

또한 차츰 다양한 문화콘텐츠에 대한 본격적인 자본 투입으로 문화가 산업화되기 시작했다. 기업들이 대중문화의 산업화를 목적으로 적극적으로 투자에 나서면서 대중문화의 지배력이 커지게 되었다. 그리고 인간 감성 중심의 자유로운 개인주의적 대중문화가 활성화되었으며, 문화산업의 경제적 가치가 상승했다. 한편 본격적인 정보사회로의 진입으로 대중문화산업은 자본과 연계된 시장 중심적 가치를 더욱 강화했다.

한국사회에서 정치적 민주주의를 성장시키는데 문화영역은 중요한 영향을 미쳤다. 시민들은 문화운동을 통해 정부의 정당성 없는 권력 획득에 여러 차례 비판을 가했다. 이처럼 한국의 시민사회는 국가의 절대 권력에 끊임없이 대항했으며, 문화영역에서의 시민운동을 통해 정치적 민주주의의 가치를 획득함으로써 시민이 직접 참여할 수 있는 민주주의 제도의 구축에 기여했다. 현재의 대중문화산업 역시 정부의 정치적 과오에 비판적인 메시지를 전달하는 등 양적, 질적으로 성숙한 문화콘텐츠를 제공하고 있다. 시민사회는 공론장을 통해 자본이 중심이 된 대중문화산업의 폐해를 비판하고 문화산업을 둘러싼 정부 정책이 올바르게 제정, 실행되도록 긍정적인 감시자의 역할을 하고 있다.

한편 이제 정보통신혁명에 의한 정보사회의 도래로 대중문화는 또 다른 방식으로 정치 영역과 관계를 맺기 시작했다. 예를 들어 정치권에서 정치인들은 유튜브(Youtube) 등 온라인 서비스를 통해 시민들과 꾸준하게 소통하고 있다. 시민사회는 정치와 문화 간 관계에 대해 비판적 시각을 가지고 감시를 게을리하지 않고 있다. 요컨대 한국사회는 민주주의를 갈망하는 격변기에 국가, 시장, 시민사회 간 소통을 통해 정치와 문화 간 지속적인 상호작용이 이루어졌다고 볼 수 있다.

4. 정보사회에서의 사회통제와 민주주의의 전망

현재를 살아가는 사회구성원들은 정보통신기술을 통한 생활권 내 연결망의 확장을 강조하면서 네트워크 사회(network society)의 개념에 대해서 논의하기 시작했다. 네트워크의 기반이 되는 정보는 개개인의 중요한 사회적 자원으로 사용된다. 또한 광범위한 관계망 내에서 수많은 정보문화를 기반으로 하는 사람들 간의 상호작용은 안정된 사회구조의 유지에 중요한 역할을 하고 있다.

반면 수많은 정보문화를 기반으로 하는 네트워크 사회의 구조적 특징은 여러 가지 사회문제 역시 유발하고 있다. 예를 들면, 민주주의 사회임에도 불구하고 특정 권력집단이 정보기술을 이용해 일반 시민들을 감시하는 개인의 프라이버시 침해 문제가 발생하기도 한다. 이는 사람들에게 편리함을 가져다준 네트워크 체계가 인간의 기본권을 침해하게 된 하나의 예라고 할 수 있다. 이제 시민들이 독점적 정보력을 갖춘 국가나 권력 기구에 의한 정보 통제 등에 능동적으로 대응하기 위해서는 정보보호와 관련한 제도적 장치가 더욱 안정적으로 구축되어야 한다. 또한 시민들은 정보화를 통해 새롭게 창출된 독점 권력을 감시하고 정보에 대한 보편적 접근성(universal access)을 확보할 수 있어야 한다. 더불어 무엇보다 시민들 스스로가 윤리적 정보의식을 내재화하고 있어야 한다. 예를 들어서 시민들이 의도하지 않은 자신의 정보 노출에 민감하게 반응하지 않으면, 권력집단의 다양한 감시체계가 확대되어 결국엔 사회 전체의 불법적 통제 네트워크가 만들어질 수도 있다. 권력집단의 사회통제를 견제하는 시민사회의 노력은 단순히 그들의 감시망을 벗어나는 것이 목적이 아니라 민주 시민으로서 프라이버시권이라는 정당한 자신의 권리를 요구하는 과정임을 잊어서는 안 된다.

현대사회에서 나타나고 있는 여러 형태의 사회통제에 대해서 사람들은 상반되는 관점을 지니고 있다. 우선 '기능론적 관점'에 따르면, 사회의 존속과 안녕을 위해 사회는 통제되어야 하며, 각종 일탈·범죄에 대한 통제 기제가 사회의 통합과 결속에 기여한다고 본다. 따라서 기능론적 관점의 지지자들은 국가 위정자들이 마련한 제도와 기술적 수단을 통해 사회를 통제하는 것이 바람직한 질서가 갖추어진 사회 형성에 도움이 된다고 본다. 반면 '갈등론적 관점'에서는 사회적 관계의 본질을 다양한 수준의 이해관계가 얽혀 있는 공간으로 본다. 사회구성원들은 저마다 다른 수준의 자원과 권력을 보유하고 있으며,

결국에는 권력을 가진 자가 자신의 권력 유지를 위해 기술적 수단을 활용하여 일반 시민들을 통제하게 된다고 주장한다. 따라서 이 갈등론적 관점에서는 한 사회의 시민들이 권력자가 자행하는 불법적인 사회통제를 항상 견제해야 한다는 입장을 취하고 있다.

미래사회에서도 사회통제에 대한 관점 차이와 관련하여 기능론적 관점과 갈등론적 관점의 대립이 계속될 것이다. 사회통제의 구조와 과정이 복잡하게 맞물려 이 거대한 사회문제는 계속해서 쟁점화될 것이다. 이제 사회구성원들은 윤리의식을 가지고 그러한 정보를 선용(善用)할 수 있어야만 민주주의 사회질서가 안정적으로 확립될 수 있을 것이다.

제12장

사회문제의 해석 : 단편적 지식에서 융합적 지혜의 적용으로

제12장 사회문제의 해석 : 단편적 지식에서 융합적 지혜의 적용으로

1. 포스트모던 시대의 특징과 융합 교육의 중요성

현대사회의 특징을 규정하는 여러 용어 중에서 포스트모더니즘은 자주 등장하는 개념이다. 포스트모더니즘은 사회문화적 현상들을 포괄적으로 지칭하는 용어이며, 그 개념은 어떤 대상에 대해서 의미를 부여하는 의식 주체로서의 인간 연구를 바탕으로 논의되어왔다. 포스트모더니즘의 지식 사조는 20세기 중반부터 본격적으로 나타나기 시작했다. 현재는 철학, 문학, 예술, 사회학, 건축학 등 다양한 학술 연구 분야에서의 인식체계의 변화를 포함한 전반적인 사회현상을 가리키는 의미로 폭넓게 연구되고 있다. 물론 포스트모더니즘은 그 개념상의 모호성 때문에 학술연구 분야에서 그 특징을 규정할 때마다 매번 치열한 논쟁이 생긴다. 그러한 연구 과정을 거쳐 개괄적으로 정리된 포스트모더니즘의 특징을 간략하게 설명하면 다음과 같다.

첫째, 포스트모더니즘은 '불확실성'을 그 특징으로 한다. 모더니즘의 사상적 배경이 지배하는 사회의 특징을 법칙에 의한 확정성의 시대라고 규정한다면 포스트모더니즘의 철학은 의식의 통합성을 거부하면서 개별화되고, 불확실한 사물과 현상의 특징을 그대로 인정한다. 따라서 어떤 개별 현상을 바라보는 관점도 시간과 장소가 바뀜에 따라서 함께 변화할 수 있는 것이다.

둘째, 포스트모더니즘의 특징은 '다원성'에 있다. 이는 획일적인 집단적, 전체주의적 사고에 의한 문화 텍스트의 이해를 거부함을 의미한다. 포스트모던 시대의 인간 개개인은 개체화되어 파편화된 문화를 스스로 내재화하는 특징이 있다. 사람들은 개인 혼자 그 문화를 습득하기도 하고, 때로는 비슷한 성향의 사람들이 서로의 개인적 문화 욕구를 충족시켜줄 수 있는 인적 네트워크를 결성하여 소규모 공동체를 구성하기도 한다. 결국 이 모든 사회현상은 포스트모더니즘이 급속도로 변화하는 다원성을 추구하는 이념이자 사상임을 잘 보여준다.

이처럼 변화하는 사회에 대한 여러 가지 시각의 학습이 필요한 이유는 과거 모더니즘이 지배한 사회와는 다른 불확실하고 다양한 사회문제에 인간이 슬기롭게 대처하기 위한 지혜를 체화하기 위해서이다. 이 같은 시대적 흐름에 발맞추어 현재 일부 학교, 가정 등의 사회화 영역에서는 단일지식론에 근거를 둔 개별 교과 지식 중심의 교육관을 일부 비판하면서 학습자의 자발적이면서 다양한 학습 동기에 기반한 다차원적 교육관에 주목하고 있다. 사회화 과정은 한 인간이 사회구성원으로서 자신이 소속된 집단과 시공간에서 잘 적응할 수 있도록 다양한 교육콘텐츠를 학습, 체험하는 방법으로 이루어진다. 일반적으로 모더니즘 사상이 지배한 사회의 전통적인 학교 교육은 학문 영역 내에서 명확하게 규정된 단일지식의 전달을 목적으로 교육자가 중심이 되어 진행되었다. 하지만 최근 교육과정에서는 학습자의 개별적이고 다양한 특징에 기반을 둔 자발적인 학습 참여를 유도하는 탐구형, 체험형 학습이 장려되고 있다.

하나의 단일한 지식체계를 학습하면서 배우게 되는 전문지식의 중요성 못지않게 간과해서는 안 되는 것은 한 인간으로서 사회를 살아가는데 필요한 인성 교육이다. 포스트모던 사회에서 인간이 학습하게 되는 지식은 융합적 이해를 기반으로 복잡한 사회문제에 대해서 타인과 의사소통하면서 현명하게 대처할 수 있는 지혜의 영역으로 확장되어야 한다. 타인과 관계를 맺는 과정에서 전제되는 사회 가치에 대한 교육은 윤리에 기반을 둔 인성 교육이라 할 수 있는 것이다.

이 포스트모더니즘적 사고에 근간을 둔 융합적 성격의 지식체계는 전통적 지식의 권위적, 객관적 모습에 대해 지적 회의(懷疑)를 품고, 기존의 객관화된 교육과정 못지않게 주관적, 상황적 교육과정의 중요성을 지지한다. 이러한 포스트모던 사회의 특징에 입각한 교육이 지니는 궁극적 목적은 결국 전문지식 내용, 현상을 보는 인식 방법, 실생활에서의 실천적 적용이 서로 관계가 있음을 능동적인 사고 과정을 통해 파악하는 것이다. 불확실하고 다원적인 성격의 지식 담론을 편견 없이 수용하면서 이론의 다양화를 추구하는 것이 포스트모더니즘의 학문적 흐름이라 할 수 있다.

최근 포스트모더니즘의 가치가 지배하는 거시적 문화 변동 속에서 교육을 담당하는 기관들은 점차 기존의 모더니즘적인 사상적 기반으로 시도된 교육과정의 문제점을 개선하기 위하여 융합적 성격의 대안적인 교수법과 학습 방법들을 개발하고 있다. 교육과정을 재구성할 때 중요하게 추구하는 가치는 '차이'를 인정하는 것이다. 학습자는 다원적인 관점에서 세계를 종합적으로 파악하고, 다의(多義)적 해석 능력과 함께 타인의 입장에 공감할 수 있는 감성 능력까지 내재화할 수 있도록 노력해야 한다.

진리와 지식수준이 끊임없이 역동적으로 변화하고 있는 포스트모던 시대에는 학습자의 이해 과정을 통해 새롭게 규정될 수 있는 의미 창조 과정을 존중할 수 있어야 한다. 이제 사람들은 정형화된 교육콘텐츠를 기계적으로 학습하기보다는 개별의식 주체의 경험과 이해의 정도에 따라 다양한 해석이 가능한 융합적 성격의 지식 텍스트를 학습하는 것이 중요해졌다. 따라서 사회문제를 분석하고 해석하는 교육과정은 그 현상에 대한 타인과의 인식 차이를 자유롭게 논의할 수 있는 학습 환경과 조건에서 이루어져야 한다.

2. 사회문제 해결을 위한 사회과학적 상상력의 학습과 적용

포스트모더니즘이 주도하는 삶을 살아가는 사람들은 그 복잡한 현상과 환경을 주체적으로 바라볼 수 있는 지적 능력을 기를 수 있어야 한다. 그리고 그 지식체계에 근간을 둔 사회과학적 상상력을 통해 여러 가지 사회문제를 논리적, 비판적으로 바라볼 수 있는 안목(眼目)을 함양해야 한다. 더불어 어떤 실재하는 보편적 가치에 대해서 소신을 가지고 지지할 수도 있어야 한다. 이와 같이 사회현상을 바라보는 다양한 인식 방법과 실천적 행동은 사람들이 현재 사회에서 나타나고 있는 다양한 사회문제에 주도적, 능동적으로 대처하고, 이를 예방, 완화, 해결할 수 있는 지혜를 내재화하는 과정에서 표현된다.

오늘날 존재하는 국가 대부분은 자국 내 사회문제 해결에 깊이 관여하고 있다. 민주주의 정치가 발달하면서 시민들은 점차 특정 사회문제와 관련한 쟁점을 공론화시키기도 하고, 국가 역시 정치적 정당성을 확보하기 위해 행정, 정책 등을 주도적으로 이끌면서 적극적으로 사회문제에 개입하고 있다. 하지만 국가가 모든 사회문제의 해결을 위해 적극적으로 나서는 것은 아니다. 국가는 그 성격에 따라 어떤 사회문제에 대해서는 적극적인 태도를 보이지만, 어떤 부분은 소극적인 면을 보이기도 한다. 따라서 시민들은 이런 성격의 사회문제를 제도적으로 해결할 수 있도록 정부 정책에 대해 분석적, 비판적 시각을 가지고 바라볼 수 있도록 항상 지적 차원에서의 학습과 훈련을 해야 한다.

포스트모던 사회에서는 사회문제가 복잡할수록 어떤 현상을 무조건 당연한 것이라고 보지 않고, 사회과학 분야의 다양한 지식체계를 통해서 그것을 분석적, 비판적으로 해석하는 능력이 필요하다. 바로 그 사회과학적 상상력은 본격적인 융합사회를 맞이하여 더 중요한 문제 해결 역량이 될 것이다. 현대사회와 같이 역동적으로 변화하는 사회에서는 사회구성원들의 다양한 생각에서 비롯되는 갈등 문제를 적절하게 조율할 수 있는 지혜가 필요하다. 갈등 문제의 이면에는 대부분 주관적인 감정이 개입하는 경우가 많기 때문에 갈등 조율은 쉽지 않다. 이 같은 이유로 공감 능력은 갈등 해결을 위해 중재자가 꼭 갖춰야 할 심리적 기제이다. 따라서 갈등 당사자들의 복잡한 심리를 효과적으로 파악하여 각자의 입장을 조율하기 위해서는 그 사회문제를 다양한 관점에서 이해할 수 있는 지식을 미리 학습해야 한다.

포스트모던 시대의 지식 수렴 과정에서는 사회의 새로운 구조적 특징과 사람들의 다양한 욕망 체계를 모두 고려할 수 있어야 한다. 그러한 상상력을 확장하는 과정을 거쳐 사람들 사이에 발생하는 갈등 문제를 해결할 수 있다. 이제 의사소통 당사자들의 원활한 인간관계를 위해 새로운 사회과학적 상상력을 구현함으로써 융합적 지혜를 함양할 수 있는 교육 프로그램이 다방면에 걸쳐 개발되어야 한다. 이 과정은 지식을 습득하는 학습자의 능동적인 관여 활동과도 연관된다. 그리고 학습된 지식은 현재 그들에게 주어진 상황 및 관계 속에서 형성된 다양한 변인들을 설명해줄 수 있어야 한다.

포스트모던 사회에서는 어떤 사회문제에 대해서 일반화된 하나의 법칙을 도출하기보다는 그 상황에 내재해 있는 예측불가능성, 불완전성, 혼돈성 등의 특성에 대한 충분한 이해가 있어야 한다. 그러한 지식과 사고의 유형들이 모여 사회구성원들의 융합적 지혜로 체화되는 것이다.

이제 현대사회는 단편적 지식의 학습을 통해 융합적 지혜를 얻기 위한 전환적 교육시스템 구축이 필요하다. 이 시스템은 교육과정에서 추구하는 몇 가지 주요 목표에 의해서 실현될 수 있다. 그것들은 풍부성(richness), 순환성(recursion), 관계성(relations), 엄정성(rigor) 등의 원리라고 할 수 있다. '풍부성'은 교육과정이 많은 지식 담론과 경험 세계의 수용을 바탕으로 진행되어야 함을 의미한다. '순환성'은 학습자가 주어진 교육내용을 수동적으로만 수용하는 것이 아니라 주도적으로 다양한 질문을 하면서 의사소통을 통해 지식의 결합을 유도함을 의미한다. '관계성'은 사회현상을 해석하기 위한 여러 가지 이론과 관련한 지식 콘텐츠가 학습자와 학습 공동체에 의해 다양한 방식으로 재구성될 수 있음을 의미한다. '엄정성'은 교육과정이 어떤 형태로든 편파적으로 이루어지면 안 된다는 사실을 의미한다.

포스트모던 시대의 이 같은 교육과정과 관련한 논의들은 사회문제에 대한 융합적 해석을 바탕으로 이루어진다. 이제 복합적 사회현상으로 나타나는 각각의 사건들에 대해서 사회구성원들은 단편적 지식에 근거한 분석을 넘어서 융합적 지혜를 통해 이를 근원적으로 해석할 수 있는 역량을 키워야 한다. 특히 정보사회에 존재하는 다양한 융합적 지혜를 구체적으로 발현시키기 위해서는 분절적 전문지식과 포괄적 교양지식 간 학술 네트워크를 구현할 필요가 있다. 그 교육체계에 내재한 다양한 소통양식의 학습은 현대사회의 복잡한 시공간 문화를 이해하고, 비판적 사고체계를 함양할 수 있는 토대가 된다. 융합시대의 지식 학습은 단순히 특정 시기에만 이루어지는 분절된 상태가 아닌 지식수준의 밀도를 높이면서 누적적, 융합적 과정을 거쳐 이루어져야 한다.

요컨대 포스트모던 사회에서 요구되는 지식체계는 인간의 일상생활 주변에서 나타나는 사회현상에 대해서 사회과학적 상상력으로 명명되는 융합적 지혜의 기제들을 활용할 수 있는 방향으로 구조화되어야 한다. 이 융합적 지혜에 포함된 지식체계는 기초지(基礎知)임과 동시에 응용지(應用知)로서 기능하게 된다. 그리고 근본적으로는 사회문제를 종합적으로 바라볼 수 있는 폭넓고 깊이 있는 사고력을 강화해준다. 따라서 관련 지식이 실천의 형태로 상용화될 수 있도록 교육자와 학습자 모두 노력해야 한다. 기존의 모더니즘 사상에 기반한 개별화된 전문지식은 포스트모더니즘 사상에 입각한 융합적 교육시스템과 연계될 때, 그 지식의 활용 범위가 더욱 넓어질 수 있는 것이다.

이처럼 포스트모던 시대의 다변화된 환경에 적응하기 위해서는 다양한 사회문제에 대해서 그 근본적인 원인과 결과를 스스로 설명할 수 있는 역량을 키우는 것이 중요하다. 따라서 이성적 측면의 지식전달을 위한 교육콘텐츠 외에 타인의 현재 감정을 존중하고 학습자 스스로의 감성적 참여를 유발할 수 있는 대안적 교육콘텐츠도 함께 개발되어야 한다. 사회과학적 상상력으로 명명되는 인간 삶을 위한 지혜들은 학습자의 꾸준한 학습 노력을 통해 개인에게 내재화될 수 있다. 사회문제를 둘러싼 학문체계 내 기초지식과 응용지식 간 상호작용의 선순환 구조는 사회과학적 상상력을 배양하여 그 인식체계가 실천 영역으로 확장할 수 있는 기회를 제공할 것이다.

참고문헌

강규철(2001). 인간행동과 직업의 이해. 청목출판사.

강대현(2006). 한국 시민사회와 시민교육. 한국학술정보.

강수택(2007). 시민연대사회. 아르케.

강일규 · 고혜원 · 조은영 · 한우섭 · 황치석(2003). 현대사회와 직업. 선학사.

강정한 · 김문조 · 김종길 · 김홍중 · 유승호 · 하홍규(2013). 현대사회학이론: 패러다임적 구도와 전환. 다산출판사.

강희성 · 김현경 · 박길남 · 박주현 · 윤명길 · 이장희 · 정명희 · 주민경(2021). 사회문제론. 양성원.

고영삼(1998). 전자감시사회와 프라이버시. 한울.

구도완(1996). 한국 환경 운동의 사회학: 정의롭고 지속가능한 사회를 위하여. 문학과지성사.

권태환 · 조형제 · 한상진(2000). 정보사회의 이해. 미래M&B.

권태환 · 홍두승 · 설동훈(2006). 사회학의 이해. 다산출판사.

권혁 · 김희성 · 성대규(2018). 4차 산업혁명과 일자리 정책의 미래. 집문당.

김동규 편저(2004). 직업사회학. 건기원.

김명자(1997). 동서양의 과학전통과 환경운동. 동아출판사.

김문겸(1993). 여가의 사회학: 한국의 레저문화. 한울.

김문조(1999). 과학기술과 한국사회의 미래. 고려대학교 출판부.

김문조(2013). 융합문명론: 분석의 시대에서 종합의 시대로. 나남.

김범수(2010). 다문화사회 십계명 : 다문화가족과 좋은 이웃으로 더불어 사는 법. 리북.

김복영(1998). 포스트모더니즘과 사회과 교육과정. 사회과교육학연구, 2, 22-33.

김성희(1991). 참고봉사의 평가에 관한 고찰. 연구논집, 21, 50-79.

김영순(1996). 복지국가의 위기와 재편: 영국과 스웨덴의 경험. 서울대학교 출판부.

김영종(2009). 사회정책론. 형설출판사.

김영천 · 주재홍(2009). 포스트모더니즘에서 생각해보는 교육과정 연구: 탐구주제와 연구영역들. 교육과정연구, 27(2), 1-31.

김응렬 · 김지범 · 정재기 · 심의보 · 김준환 · 이민표 · 이철우 · 송영민 · 서용석 · 김은경(2003). 한국의 노인복지: 의존성의 증대와 생활위기. 고려대학교 한국학연구소.

김정로 · 이우관 · 이유선 · 정현주 · 한승완(2003). 정보사회의 빛과 그늘. 일신사.
김종길(2008). 사이버 트렌드 2.0: 물리적 현실 세계를 뛰어넘는 새로운 공간. 집문당.
김종길 · 김문조(2006). 디지털 한국 사회의 이해. 집문당.
김종숙 · 박수미(2003). 한국 여성의 노동이동. 한국여성개발원.
김진영(1994). 정보기술과 화이트칼라 노동. 한울.
김창남(2010). 대중문화의 이해. 한울아카데미.
김태현 · 이문숙(2011). 현대사회와 여성. 교문사.
김호기(2007). 한국 시민사회의 성찰. 아르케.
나성린 · 전영섭(2003). 공공경제학. 박영사.
남세진 편저(1997). 한국사회복지의 선택: 쟁점과 대안. 나남.
노상우(2012). 감성담론과 그의 교육철학적 함의. 교육철학연구 34(1): 71-97.
디지털중독연구회 편저(2015). 인터넷 중독 상담과 정책의 쟁점. 시그마프레스.
류동규(2013). 문화융합 시대의 교양교육과 서사 양식의 위상. 문화와 융합, 35, 109-128.
문유경 · 강민정(2003). 근로시간 단축이 여성취업에 미치는 영향. 한국여성개발원.
민경배(2016). 처음 만나는 사회학. 다른길.
민웅기(2013). 대학적응을 위한 신입생 선행 교육 프로그램 사례분석 : 포스트모더니즘 시대의 '차별화, 감성, 참여' 개념에 입각한 새내기 프로그램 운영을 중심으로. 교양교육연구, 7(6), 275-304.
민웅기(2015). 인터넷 문화와 청소년. 디지털중독연구회(편저), 인터넷 중독 상담과 정책의 쟁점. 시그마프레스.
민웅기(2016). 융합적 정보문화교육을 위한 구조화된 소통양식의 전환적 구성. 문화와 융합, 38(3), 119-148.
민웅기 · 김상학(2014). 다문화가족 이주여성들의 여가제약이 여가활동 참여 및 여가만족에 미치는 영향: 여가관여의 조절효과를 중심으로. 관광연구저널, 28(5), 45-61.
민웅기 · 김상학(2015). 세계화 시대의 다문화가족의 확산과 국제관광의 사회적 기능에 대한 이론적 성찰. 관광연구저널, 29(5), 5-17.
민웅기 · 김상학(2018). 결혼이주여성들의 여가활동 특성에 대한 비판적 고찰: 지속가능한 문화융합사회로의 진입을 위한 인본주의적 가치실현의 전망. 문화와 융합, 40(3), 29-62.

박경원 · 김희선(1998). 조직이론강의: 구조, 설계 및 과정. 대영문화사.
박길성(1996). 세계화: 자본과 문화의 구조변동. 사회비평사.
박길성(2003). 한국사회의 재구조화: 강요된 조정, 갈등적 조율. 고려대학교 출판부.
박민정(2005). 포스트모더니즘 담론과 교육과정 논의의 쟁점. 교육과정연구, 23(4), 37-57.
배재학(2008). 새로운 모더니즘 교육에 대한 탐색: 포스트모더니즘을 넘어. 교육학논총, 29(2), 71-86.
비판사회학회 편저(2012). 산업사회의 이해: 노동세계의 탐구. 한울아카데미.
비판사회학회 편저(2014). 사회학: 비판적 사회 읽기. 한울아카데미.
사이언스 올제 편집부(2004). 사이언스 올제, 1~12월호.
사이언스 올제 편집부(2005). 사이언스 올제, 1~5월호.
손용(2003). 디지털 네트워크 시대의 텔레커뮤니케이션. 한울.
송복 편저(1984). 사회불평등기능론: 사회계급과 계층의 전개 1. 전예원.
송연숙 · 안권순(2012). 독서교육이 중학생의 자아존중감, 자기표현 및 대인관계에 미치는 영향. 청소년학연구, 19(3), 223-244.
심영희 · 전병재 공편(2000). 사회통제의 이론과 현실. 나남출판.
양정하 · 임광수 · 이명현 · 황인옥 · 신현석(2001). 사회복지정책론. 양서원.
양종국 · 이승국(2004). 학교의 감성교육 고찰. 소년보호연구, 7, 209-231.
여성한국사회연구회 편저(2000). 남성과 한국사회. 사회문화연구소.
원용진(1996). 대중 문화의 패러다임. 한나래.
월드워치연구소 편저(1998). 지구환경과 세계경제 2(이승환 역). 따님. (원서출판 1997)
유석춘 편저(2004). 한국의 시민사회, 연고집단, 사회자본. 자유기업원.
유연주 · 임재훈(1997). 급진적 · 사회적 구성주의와 포스트모더니즘. 수학교육학연구, 7(2), 359-380.
유혜령(1991). 포스트모더니즘과 교육. 정신문화연구, 14(2), 183-197.
윤도현(2017). 복지국가론. 정민사.
이득연(1998). 환경운동의 사회학. 민영사.
이병호(1998). 포스트모던 다원주의와 사회과 교육: 정의와 연대성을 위한 교육. 서울대학교 박사학위논문.
이승우(2003). 한국 지방재정조정제도의 성과와 전망. 해남.
이승종 · 김혜정(2011). 시민참여론. 박영사.

이완수 · 고성호 · 정태인 · 이정환 · 문용갑 · 이성용 · 장준오 · 유홍준(2009). 사회문제(개정판). 도서출판그린.
이용교(2004). 한국사회복지의 과제. 학현사.
이재경 · 조영미 · 민가영 · 박홍주 · 이박혜경 · 이은아(2007). 여성학. 미래M&B.
이창순(1997). 조직이론: 사회조직의 제관점. 박영사.
이철우(2012). 新사회학 초대(2판). 학지사.
이필우 · 유경문(2003). 조세론. 법문사.
임희섭(1999). 집합행동과 사회운동의 이론. 고려대학교 출판부.
전재일 · 배일섭 · 정영숙(2000). 사회복지정책론. 형설출판사.
정대연(2007). 환경사회학. 아카넷.
정병식 · 이장희(2004). 직업세계의 이해: 직업선택과 취업전략. 대왕사.
정석환(2008). 포스트모더니즘의 담론과 교육. 교육철학, 35, 437-466.
정석환(2010). 구성주의와 포스트모더니즘의 지식론과 교육. 교육철학, 41, 441-471.
정헌주 · 김상호 · 김세현 · 유해미 · 이택면 · 박창남 · 김준환 · 이혜경 · 박현수 · 민웅기 · 이해진 · 유문무(2020). 사회문제의 이해(3판). 대왕사.
정홍상(1999). 경제정책과 재정. 성림.
조민식 · 이한메 · 임창규 · 김세현(2014). 대중을 위한 사회학의 이해. 양서원.
조병희(2003). 의료개혁과 의료권력. 나남출판.
조상식(2010). MacIntyre의 반(反)계몽주의에 대한 교육사상사적 검토. 헤겔연구, 28, 545-567.
조정문 · 권명수 · 이의수 · 이옥 · 이나영 · 정채기 · Feldmeier, R. · Kivel, P.(2000). 남성학과 남성운동. 동문사.
조정문 · 장상희(2007). 가족사회학: 현대사회에서 가족은 무엇인가. 아카넷.
조혜정(1999). 한국의 여성과 남성. 문학과지성사.
주성수(2004). NGO와 시민사회: 이론, 모델, 정책. 한양대학교 출판부.
주성수(2006). 시민참여와 민주주의. 아르케.
최병두 · 한지연 편역(1990). 자본주의 도시화와 도시계획. 한울아카데미.
최현철(2015). 융합의 개념적 분석. 문화와 융합, 37(2), 11-30.
하원규 · 최남희(2015). 제4차 산업혁명: 초연결 · 초지능사회로의 스마트한 진화, 새로운 혁명이 온다!. 콘텐츠하다.

한국방송통신대학교 문화교양학과 편저(2013). 한국사회문제. 한국방송통신대학교 출판부.

한국보건사회학회 편저(2000). 사회변화와 보건복지. 태일사.

한국복지연구회 편저(1994). 사회복지의 역사. 이론과 실천.

한국산업사회연구회 편저(1994). 계급과 한국사회. 한울아카데미.

한국산업사회학회 편저(2004). 사회학. 한울아카데미.

한국환경정책학회(1999). 환경정책론. 신광문화사.

한규석(2009). 사회심리학의 이해(3판). 학지사.

한종호(2004). 빅 브라더 아메리카: 9·11 테러와 표현의 자유. 나남출판.

현승일(2012). 사회학(개정판). 박영사.

홍두승·구해근(1993). 사회계층·계급론. 다산출판사.

홍병선(2014). 문화예술에서 문화콘텐츠산업 융합연구의 방향과 그 대안모색. 교양교육연구, 8(1), 433-450.

猪口 孝(1990). 국가와 사회(이형철 역). 나남.

Agnew, R. (1992). Foundation for a general strain theory of crime and delinquency. Criminology, 30(1), 47-88.

Arnold, M. (1960). Culture and Anarchy (J. D. Wilson, Ed.). Cambridge University Press.

Baudrillard, J. (1981). For a Critique of the Political Economy of the Sign (C. Levin, Trans.). Telos Press.

Baudrillard, J. (1988). Consumer society. In M. Poster (Ed.), J. Mourrain (Trans.), Jean Baudrillard: Selected Writings (pp. 29-56). Stanford University Press.

Baudrillard, J. (1992). 소비의 사회: 그 신화와 구조(이상률 역). 문예출판사. (원서출판 1970)

Baudrillard, J. (2001). 시뮬라시옹(하태환 역). 민음사. (원서출판 1983)

Beck, U. (2006). 위험사회: 새로운 근대(성)을 향하여(홍성태 역). 새물결. (원서출판 1986)

Becker, G. S. (1975). Human Capital: A Theoretical and Empirical Analysis with Special Reference to Education (2nd ed.). Columbia University Press.

Becker, H. S. (1963). Outsiders: Studies in the Sociology of Deviance. Free Press.

Berry, J. W. (1998). Acculturative stress. In P. B. Organista, K. M. Chun, & G. Marin (Eds.), Readings in Ethnic Psychology (pp. 117-122). Routledge.

Blau, P. M. (1964). Exchange and Power in Social Life. Wiley.

Blumer, H. (1962). Society as symbolic interaction. In A. M. Rose (Ed.), Human Behavior and Social Processes: An Interactionist Approach (pp. 179-192). Houghton Mifflin.

Blumer, H. (1969). Symbolic Interactionism: Perspective and Method. Prentice Hall.

Boorstin, D. J. (1964). The Image: A Guide to Pseudo-events In America. Harper & Row.

Bourdieu, P. (1979). Outline of a Theory of Practice (R. Nice, Trans.). Cambridge University Press.

Bourdieu, P. (2005a). 구별짓기: 문화와 취향의 사회학 上(최종철 역). 새물결. (원서출판 1979)

Bourdieu, P. (2005b). 구별짓기: 문화와 취향의 사회학 下(최종철 역). 새물결. (원서출판 1979)

Braverman, H. (1974). Labor and Monopoly Capital: The Degradation of Work in the Twentieth Century. Monthly Review Press.

Brooks, A. (2003). 포스트페미니즘과 문화 이론(김명혜 역). 한나래. (원서출판 1997)

Button, E. (1990). Self-esteem in girls aged 11-12: Baseline findings from a planned prospective study of vulnerability to eating disorders. Journal of Adolescence, 13(4), 407-413.

Carroll, A. B. (1979). A three-dimensional conceptual model of corporate performance. Academy of Management Review, 4(4), 497-505.

Carroll, A. B. (1991). The pyramid of corporate social responsibility: Toward the moral management of organizational stakeholders. Business Horizons, 34(4), 39-48.

Castells, M. (1977). The Urban Question: A Marxist Approach. The MIT Press.
Castells, M. (1993). The informational economy and the new international division of labor. In M. Carnoy, M. Castells, S. Cohen, & F. Cardoso (Eds.), The New Global Economy in the Information Age: Reflections on Our Changing World (pp. 15–43). Pennsylvania State University Press.
Castells, M. (1996). The Rise of the Network Society. Blackwell.
Castells, M. (2004a). The Information Age: Economy, Society and Culture (Vol. Ⅰ: The Rise of the Network Society). Blackwell.
Castells, M. (2004b). The Information Age: Economy, Society and Culture (Vol. Ⅱ: The Power of Identity). Blackwell.
Castells, M. (2004c). The Information Age: Economy, Society and Culture (Vol. Ⅲ: End of Millennium). Blackwell.
Chaney, D. (1994). The Cultural Turn: Scene-setting Essays on Contemporary Cultural History. Routledge.
Cloward, R. A., & Ohlin, L. E. (1960). Delinquency and Opportunity: A Theory of Delinquent Gangs. Free Press.
Cohen, A. K. (1966). Delinquent Boys: The Culture of the Gang. Free Press.
Coleman, J. S. (1988). Social capital in the creation of human capital. American Journal of Sociology, 94, 95–120.
Cooley, C. H. (1902). Human Nature and the Social Order. Charles Scribner's Sons.
Coopersmith, S. (1976). The Antecedents of Self-esteem. W. H. Freeman.
Coser, L. A. (2003). 사회사상사(신용하 · 박명규 역). 시그마프레스. (원서출판 1971)
Csikszentmihalyi, M., & Rochberg-Halton, E. (1981). The Meaning of Things: Domestic Symbols and the Self. Cambridge University Press.
Doll, W. E., Jr. (1993). A Post-modern Perspective on Curriculum. Teachers College Press.
Doyle, T., & McEachern, D. (2002). 환경정치학(이유진역). 한울. (원서출판 1998)
Dumazedier, J. (1967). Toward a Society of Leisure. Free Press.
Dunlop, J. T. (1958). Industrial Relations Systems. Southern Illinois University Press.

Durkheim, E. (1984). The Division of Labour in Society (W. D. Halls, Trans.). Macmillan.

Durkheim, E. (1999). 자살론/사회분업론(임희섭 역). 삼성출판사. (원서출판 1897/1893)

Durning, A. (1994). 소비사회의 극복: 현대 소비사회와 지구환경위기(구자건 역). 따님. (원서출판 1992)

Edgell, S. (1993). Class. Routledge.

Elias, N. (1994). The Civilizing Process (E. Jephcott, Trans.). Blackwell.

Eliasoph, N., & Lichterman, P. (2003). Culture in interaction. American Journal of Sociology, 108(4), 735-794.

Eliot, T. S. (1948). Notes Towards the Definition of Culture. Faber and Faber.

Freedman, J. (2002). 페미니즘(이박혜경 역). 이후. (원서출판 2001[1979])

Esping-Andersen, G. (1985). Politics Against Markets: The Social Democratic Road to Power. Princeton University Press.

Featherstone, M. (1991). Consumer Culture and Postmodernism. Sage.

Fenzel, L. M. (1994). A prospective study of the effect of the chronic strains on early adolescent self-worth and school adjustment. Paper presented at the meeting of the Society for Research on Adolescence, San Diego.

Fischer, C. S. (1984). The Urban Experience (2nd ed.). Harcourt Brace Jovanovich.

Fogarty, R. (1991). How to Integrate the Curricula. IRI/Skylight Publishing, Inc.

Geertz, C. (1973). The Interpretation of Culture. Basic Books.

Giddens, A. (1984). The Constitution of Society: Outline of the Theory of Structuration. Polity Press.

Giddens, A. (1991). Modernity and Self-identity: Self and Society in the Late Modern Age. Polity Press.

Giddens, A. (1991). The Consequences of Modernity. Polity Press.

Giddens, A. (1994). Living in a post-traditional society. In U. Beck, A. Giddens & S. Lash (Eds.), Reflexive Modernization: Politics, Tradition and Aesthetics in the Modern Social Order (pp. 56-109). Polity Press.

Giddens, A., & Sutton, P. W. (2018). 현대사회학(김용학 외 역). 을유문화사. (원서출판 2017, 8th ed.)

Goffman, E. (1971). The Presentation of Self in Everyday Life. Penguin Books.

Griswold, W. (1994). Cultures and Societies in a Changing World. Pine Forge Press.

Habermas, J. (1979). Communication and the Evolution of Society (T. McCarthy, Trans.). Heinemann.

Habermas, J. (1984). The Theory of Communicative Action (Vol. 1, Reason and the Rationalization of Society). Beacon Press.

Habermas, J. (1987). The Theory of Communicative Action (Vol. 2, Lifeworld and System: A Critique of Functionalist Reason). Beacon Press.

Hall, G. S. (1904). Adolescence: Its Psychology and Its Relations to Physiology, Anthropology, Sociology, Sex, Crime, Religion, and Education (Vols. I & II). D. Appleton and Company.

Harter, S., & Marold, D. B. (1994). Psychosocial risk factors contributing to adolescent suicidal ideation. In G. G. Noam & S. Borst (Eds.), Child and Adolescent Suicide: Developmental Perspectives. Jossey-Bass.

Harvey, D. (1973). Social Justice and the City. John Hopkins University Press.

Harvey, D. (1994). 포스트모더니티의 조건(구동회 · 박영민 역). 한울. (원서출판 1990)

Hebdige, D. (2001). (i) From culture to hegemony; (ii) Subculture: The unnatural break. In M. G. Durham & D. M. Kellner (Eds.), Media and Cultural Studies: Keyworks (pp. 144-162). Blackwell.

Herzlinger, R. (2001). 의료 서비스 시장의 최후의 승자: 미국 의료 산업의 변혁에서 배운다(노지연 역). 현실과미래. (원서출판 1997)

Hirschi, T. (1969). Cause of Delinquency. University of California Press.

Homans G. C. (1961). Social Behavior: Its Elementary Form. Harcourt, Brace & World.

Horkheimer, M., & Adorno, T. W. (1995). 계몽의 변증법(김유동 외 역). 문예출판사. (원서출판 1944)

Humphrey, C. R., & Buttel, F. H. (1995). 환경사회학: 환경 · 에너지 · 사회(양종회 · 이시재 역). 사회비평사. (원서출판 1982)

Immel, K.-A., & Tränkle, K. (2009). 세계화를 둘러싼 불편한 진실: 왜 콩고에서 벌어진 분쟁이 우리 휴대폰 가격을 더 싸게 만드는 걸까?(서정일 역). 현실문화. (원서출판 2007)

Jackson, E. L., & Burton, T. L. (Eds.) (1999). Leisure Studies: Prospects for the Twenty-first Century. Venture Publishing, Inc.

Lamont, M., & Molnár, V. (2002). The study of boundaries in the social sciences. Annual Review of Sociology, 28, 167-195.

Lash, S. (1994) Reflexivity and its doubles: Structure, aesthetics, community. In U. Beck, A. Giddens, & S. Lash (Eds.), Reflexive Modernization: Politics, Tradition, and Aesthetics in the Modern Social Order (pp. 110-173). Stanford University Press.

Lash, S., & Urry, J. (1994). Economies of Signs and Space. Sage.

Leary, T. (1957). Interpersonal Diagnosis of Personality: A Functional Theory and Methodology for Personality Evaluation. The Ronald Press Company.

Lemert, E. M. (1967). Human Deviance, Social Problems, and Social Control. Prentice-Hall.

Liska, A. E. (1986). 일탈의 사회학(장상희 외 역). 경문사. (원서출판 1981)

MacCannell, D. (1976). The Tourist: A New Theory of the Leisure Class. Schocken Books.

Maffesoli, M. (1997). 현대를 생각한다: 이미지와 스타일의 시대(박재환 · 이상훈 역). 문예출판사. (원서출판 1993)

Malinowski, B. (1990). Time-reckoning in the Trobriands. In J. Hassard (Ed.), The Sociology of Time (pp. 203-218). St. Martin's Press.

McLuhan, M. (1964). Understanding Media: The Extensions of Man. McGraw-Hill.

Mead, G. H. (1967). Mind, Self, and Society: From the Standpoint of a Social Behaviorist (C. W. Morris, Ed.). University of Chicago Press.

Merton, R. K. (1957). Social Theory and Social Structure (Rev. ed.). Free Press.

Mills, C. W. (2004). 사회학적 상상력(강희경 · 이해찬 역). 돌베개. (원서출판 1959)

Mollenkopf, J. (1981). Community and accumulation. In M. Dear & A. J. Scott (Eds.), Urbanization and Urban Planning in Capitalist Society (pp. 319-338). Methuen.

O'Connor, J. (1973). The Fiscal Crisis of the State. St. Martin's Press.
Parkin, F. (1979). Marxism and Class Theory: A Bourgeois Critique. Columbia University Press.
Parkin, F. (1987). 계급불평등과 정치질서(길태근 · 김원동 역). 나남. (원서출판 1971)
Parsons, T. (1951). The Social System. Free Press.
Pepper, D. (1996). 현대환경론: 환경문제에 대한 환경철학적 · 민중론적 이해(이명우 외 역). 한길사. (원서출판 1984)
Putnam, R. D. (1993). The prosperous community: Social capital and public life. The American Prospect, 13, 35-42.
Putnam, R. D. (1995). Bowling alone: America's declining social capital. Journal of Democracy, 6(1), 65-78.
Putnam, R. D. (2009). 나 홀로 볼링: 볼링 얼론, 사회적 커뮤니티의 붕괴와 소생(정승현 역). 페이퍼로드. (원서출판 2000)
Rakos, R. F., & Schroeder, H. E. (1980). Self-directed Assertiveness Training. Bio Monitoring Applications (BMA).
Redclift, M., & Benton, T. 편저(1997). 지구환경과 사회이론(이기홍 외 역). 한울. (원서출판 1994)
Rheingold, H. (2003). 참여군중: 휴대폰과 인터넷으로 무장한 새로운 군중(이운경 역). 황금가지. (원서출판 2002)
Rifkin, J. (2005). 노동의 종말(이영호 역). 민음사. (원서출판 1995)
Ritzer, G. (1996). The McDonaldization of Society. Pine Forge Press.
Ritzer, G. (1997). 현대사회학이론(최재현 역). 형설출판사. (원서출판 1983)
Rojek, C. (2000). 자본주의와 여가이론(김문겸 역). 일신사. (원서출판 1985)
Saunders, P. (1998). 도시와 사회이론(김찬호 외 역). 한울아카데미. (원서출판 1981)
Smith, P. (2008). 문화이론: 사회학적 접근(한국문화사회학회 역). 이학사. (원서출판 2001)
Stiglitz, J. E. (2013). 불평등의 대가: 분열된 사회는 왜 위험한가(이순희 역). 열린책들. (원서출판 2012)
Storey, J. (1994). 문화연구와 문화이론(박모 역). 현실문화연구. (원서출판 1993)
Sullivan, T. J. (2005). Introduction to Social Problems (7th ed.). Allyn & Bacon.

Sutherland, E. H. (1967). White Collar Crime. Holt, Rinehart & Winston.

Thomlinson, R. (1976). Population Dynamics: Causes and Consequences of World Demographic Change (2nd ed.). Random House.

Thompson, E. P. (1967). Time, work-discipline, and industrial capitalism. Past and Present, 38, 56-97.

Tomlinson, J. (1999). Globalization and Culture. University of Chicago Press.

Tönnies, F. (2001). Tönnies: Community and Civil Society (J. Harris, Ed. & M. Hollis, Trans.). Cambridge University Press.

Toulmin, S. (1982). The Return To Cosmology: Postmodern Science and the Theology of Nature. University of California Press.

Turk, A. T. (1969). Criminality and Legal Order. Rand McNally.

Turner, J. H. (2001). 현대 사회학 이론(정태환 외 역). 나남. (원서출판 1997, 6th ed.)

Urry, J. (1990). The Tourist Gaze: Leisure and Travel in Contemporary Societies. Sage.

Urry, J. (1995). Consuming Places. Routledge.

Urry, J. (2002). Mobility and proximity. Sociology, 36(2), 255-274.

Veblen, T. (1975). The Theory of the Leisure Class. Augustus M. Kelley.

Vold, G. B. (1958). Theoretical Criminology. Oxford University Press.

Vygotsky, L. S. (1986). Thought and Language (A. Kozulin, Ed.). MIT Press.

Walker R. A. (1981). A theory of suburbanization: Capitalism and the construction of urban space in the United States. In M. Dear & A. J. Scott (Eds.), Urbanization and Urban Planning in Capitalist Society (pp. 383-429). Methuen.

Wallerstein, I. (1979). The Capitalist World-economy. Cambridge University Press.

Walters, G. D. (2006). Lifestyle Theory: Past, Present and Future. Nova Science Publishers.

Warren, D. I. (1977). Neighborhoods in urban areas. In R. L. Warren (Ed.), New Perspectives on the American Community: A Book of Readings (3rd ed., pp. 224-237). Rand McNally College Pub. Co.

Waters, M. (2001). Globalization (2nd ed.). Routledge.

Weber, M. (1976). The Protestant Ethic and the Spirit of Capitalism (2nd ed., A. Giddens, Intro., T. Parsons, Trans.). Allen & Unwin.

Weber, M. (1997). 막스 베버의 사회과학 방법론 1(전성우 역). 사회비평사.

Weber, M. (1968). Bureaucracy. In G. Roth & C. Wittich (Eds.), E. Fischoff (Trans.), Economy and Society: An Outline of Interpretive Sociology (pp. 956-1005). Bedminster Press.

Williams, R. (1988). 문화와 사회: 1780-1950(나영균 역). 이화여자대학교출판부. (원서출판 1958)

Wirth, L. (1938). Urbanism as a way of life. American Journal of Sociology, 44(1), 1-24.

Wright, E. O. (1976). Class boundaries in advanced capitalist societies. New Left Review, 98, 3-41.

Wright, E. O. (1978). Class, Crisis and the State. New Left Books.

찾아보기

[ㅂ]

[ㅅ]

[ㅇ]

[ㅈ]

[ㅊ]

[ㅋ]

[ㅌ]

[ㅍ]

[ㅎ]

[기타]

| 민 웅 기

목원대학교 스톡스대학 창의교양학부 교수로 재직하고 있다. 고려대학교 대학원에서 사회학을 전공하여 문학박사 학위를, 한양대학교 대학원에서 관광학박사 학위를 받았다. 고려대학교 아세아문제연구소 연구원, 고려대학교 한국사회연구소 연구원, 덕성여자대학교 연구교수 등을 역임했다. 저서로는 '사이버공간과 문화', '공감의 상호작용을 위한 사회심리학', '포스트모던 시대의 문화콘텐츠와 체험문화', '사회문제의 이해(공저)' 등이 있으며, 번역서로는 '관광과 관광공간(공역, 대한민국 학술원 선정 우수학술도서)' 등이 있다. 사회학, 관광학, 교양교육 등의 학술 영역을 중심으로 융합학문적 논의에 관심을 가지고 연구를 진행하고 있다.

[개정판]

사회문제의 쟁점과 사회과학적 상상력

2019년 2월 15일 초 판 발행
2023년 3월 20일 2판 1쇄 발행
2024년 3월 20일 2판 2쇄 발행

저 자 민 웅 기
발행인 한인환 · 한재성
발행처 도서출판 **기문사**
등 록 1978. 8. 9. NO. 6-0637
주 소 서울시 동대문구 안암로 50-1(용두동) 홍신빌딩 3층
전 화 02) 2265-7214(代)/922-8662~3
팩 스 02) 922-8772

homepage : www.kimoonsa.co.kr
e-mail : book@kimoonsa.co.kr

ISBN : 978-89-7723-944-9 93330

저자와의 협의하에 인지생략

정가 : 13,000원